有故事的中国人
Chinese with Stories to Tell

一个地球公民的动保梦

◎张丹 著

新世界出版社
NEW WORLD PRESS

图书在版编目（CIP）数据

一个地球公民的动保梦 / 张丹著. -- 北京 : 新世界出版社, 2020.1（2020.12 重印）
（有故事的中国人）
ISBN 978-7-5104-6919-0

Ⅰ. ①一… Ⅱ. ①张… Ⅲ. ①张丹一生平事迹 Ⅳ. ①K826.15

中国版本图书馆CIP数据核字(2019)第254748号

一个地球公民的动保梦

作　　者：张　丹
责任编辑：李莎莎
丛书logo设计：魏芳芳
装帧设计：魏　文
责任印制：王宝根　苏爱玲
出版发行：新世界出版社
社　　址：北京西城区百万庄大街24号（100037）
发 行 部：（010）6899 5968　（010）6899 8705（传真）
总 编 室：（010）6899 5424　（010）6832 6679（传真）
http://www.nwp.cn
http://www.nwp.com.cn
版 权 部：+8610 6899 6306
版权电邮：nwpcd@sina.com
印　　刷：北京宝隆世纪印刷有限公司
经　　销：新华书店
开　　本：880mm × 1230mm　1/32
字　　数：122千字　印张：5
版　　次：2020年1月第1版　2020年12月第2次印刷
书　　号：ISBN 978-7-5104-6919-0
定　　价：38.00元

谨以此书献给马欣来女士

不为自身求安乐，但愿众生得离苦

高山仰止，景行行止；虽不能至，心向往之

从北大同窗到动保同仁

你永远激励着我为无声的它们呐喊请命

你收养的一众喵星人和汪星人

我会像你一样呵护善待养老送终

不负重托，不辱使命

直至彩虹桥重逢之日

谨以此书献给

所有的非人类动物（non—human animals）

与关爱非人类动物的人类动物（human animals）

WORLD ANIMAL DAY

OCTOBER 4

世界动物日

对不起！请原谅！我爱你！谢谢你！

动物是人间温馨欢乐的种子

动物是人类生命教育之良师

——星云大师

序

这个名为地球的行星，也是动物的家园

鲍尔吉·原野

蒙古族作家

当春草萌芽，溪流在越来越薄的冰下流动时，大地上最欢愉的物种并非人类，而是动物。它们比人类更深切感受到春天这个词的宝贵。

食草动物们在地球上的需求仅仅是草、水以及空气，但它们觉得这个世界已经非常美好。就像燕子觉得柳条美好、小鸟觉得露水美好、野兔觉得灌木美好、树林觉得太阳美好一样，动物比人类更爱这个地球，如果它们能说话，一定会说这里是它们的家园。

动物像人类一样热爱生命、爱活着、爱春风，爱暖阳绿茵，它们不希望它们的家园被人类损毁。

有时候，仅仅是稍稍想一下，这么大一个地球，竟容不下动物们生活，不免悲伤。尽管你不是一个经常悲伤的人，尽管你是个坚强的人，你也会感到沮丧。

我们设想假如有那么一天，天空还在蓝着，树枝在风中微微摇动，大地一如既往地经历春夏秋冬，但这个名为地球的行星上已经很少有动物的痕迹，你会感到更加悲伤。春夏秋冬难道不属于动物吗？

老天爷当年设计春风的时候，设计月夜的时候，包括设计大地上的灌木、青草、山峦之时，不也给动物划定了生活领域吗，但动物越来越少了。

我在沈阳沈北新区跑步时，无论春夏秋冬都会在陵园街和蒲田路的十字路口上看到4只小狗。它们像一个家庭一样。其中黑狗最大，然后有小白狗、小黄狗和一只小花狗。好几年过去了，我不知道它们用怎样的努力完成了没被饿死、轧死、冻死的生命历程。我离开沈阳已经一年，我不知道它们是否还在那个十字路口上向行人张望。

每当有人从陵园街与蒲田路的十字路口走过，4只小狗都用湿漉漉的眼睛看着你。它们觉得你会停下脚步，会蹲下来抱走其中一只，把它抱回家。我跑步看到它们时，每次都低头跑过去，并觉得自己可耻。如果说我还残存一些良知的话，那就是还不至于去虐待动物。我用我的笔写过动物朋友的可爱。

我知道动物更需要的不是人类为它们悲伤或表达悲伤，而是保护它们。在这方面，我所钦佩的一个人，也是这本书的作者，她的名字叫张丹。

张丹女士是一位具有传奇色彩的媒体人，她从小在部队大院里长大，接触过各式各样的人。命运让她与各式各样爱护动物的人结为朋友，身体力行为动物保护做一些实在的事情。多年来，张丹以极大的勇气、智慧和精力，从事动物保护活动。

张丹的这本书并非说教，而是一系列引人入胜的故事——她与动物们的故事。在书中比张丹更重要、更可爱的主人公是动物们，是高仓健与爱犬的故事，凌子风导演家里满阳台飞舞的小鸟的故事，更多是喵星人与汪星人的故事。

不管你是不是一个喜欢动物的人，你都会喜欢这本书，因为这本书里有令人称奇的故事，有人类因为爱护动物而显得澄澈的灵魂。

我在这本书里感受到了心灵的震撼。

谢谢大家读张丹这本书，这本书给了我很多力量，这些力量来自爱。有了爱，我们就有了更需要有的一切。

2019 年 11 月 6 日

赤峰市新城区阳光小区

前言
有故事的中国人与中国动物

2016 年在沪参加一个动保活动时，著名钢琴家与教育家孔祥东先生在发言中说：“我小时候害怕动物——因为在我这代人的成长当中，我们的家庭和客观环境并没有条件去教育我们热爱动物，我们始终对动物有一种陌生的距离感。我女儿出生在美国，当她自己养的一只很可爱的小狗狗去世的时候，她哭了三个月。”

与孔祥东先生同为六零后，回想我自己在四川成都度过的童年和少年时代，与动物的交集也是有限的。最早的记忆是每跟大人去菜市场，总能看见鸡鸭鹅等禽类被家庭主妇们缚其足五花大绑倒提着走，脖子伸得老长，不住地扑腾……

后来我与弘一大师、丰子恺先生师徒合作的《护生画集》结缘，其中《倒悬》一幅正是我上述童年印象加朱明瑛央视春晚成名曲《回

丰子恺先生此画乃我与猫日常生活之真实写照（右上方文字为我所加）

倒悬（来源：《护生画集》）

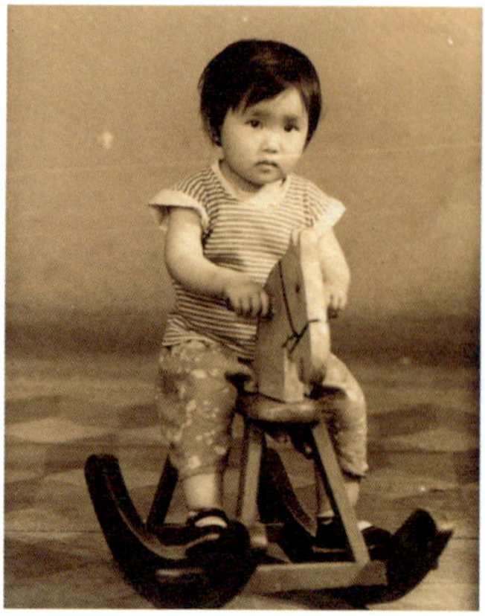
骑在木马上的我

爷爷抱着我和弟弟

娘家》的真实写照：

“始而倒悬，终以诛戮，彼有何辜，受此荼毒？人命则贵，物命则微，汝自问心，判其是非。”

童年与动物有关的另一个记忆来自儿时的照片。工作繁忙的妈妈好容易抽出时间带我去照相馆拍照，我很喜欢那个专为小朋友准备的道具木马，骑在上面可以像坐跷跷板一样好玩儿，照片拍完了还赖在上面不肯下来。现在想来，一辈子喜欢马原来是从小时候就开始的。

周恩来总理逝世那年我家搬到了北京。楼上那户人家经年累月把猫关在晾台上养，两只猫凄凉的叫声听得我心如刀绞，最终鼓起勇气上楼去要了来——也就是我日后的家庭成员虎子和白白。当时我还在上大学，照顾它们的工作落在了母亲身上。犹记得虎子最后的日子里，母亲带着它挤公交车去位于京西的中国农业大学动物医院看病。一向与她同床共枕的虎子病得根本跳不上床，她便铺了床席子陪虎子睡在地上，照顾它吃喝拉撒直至其生命的最后一刻……

母亲与我

童年的记忆

“一个周末，张丹正和男友一起散步，忽闻猫咪惨叫声，遍寻不得，原来那叫声是从一个井盖底下传来的。那是一个建筑工地，猫咪肯定是跑进工地里玩儿，不小心钻进了通往井盖的地下通道，怎么也出不来了。从其嘶哑的声音中不难猜测，它已经这样叫了很久。井盖怎么也揭不开，张丹急着去工地找值班工人帮忙，让男友赶紧去弄点清水和食物来，他却认为她多管闲事，最后竟拂袖而去。值班员用铁钩揭开了井盖，受足了惊吓和饥渴之苦的猫咪获救了，张丹和男友的关系也到头了。当然，那时她还不知道帮助动物会成为其终生的工作……”

美国明德大学(Middlebury College)中文系康叶梅同学(Amanda Kaminski)题为《中国当代文学中的动物意象》的毕业论文用上述采访文字开篇。

1987年，中央新闻纪录电影制片厂拍摄了一部反映中国残障人士身残志坚的纪录片，我参加了在京举办的该片记者会。片中主要人物之一、农家子弟杨杰七岁时因意外事故而失去双臂，进入上海市儿童福利院生活后，他开始艰难地用嘴夹笔，画出他最好的儿时玩伴——猫咪、狗狗等动物朋友。年仅十岁，一幅《大公鸡》便在日本东京国际残疾人画展中荣获银奖，另一幅作品《大熊猫》荣获上海市少儿绘画竞赛特别奖，为他日后成为著名的“口画家”奏响了序曲。记者会结束后，杨杰为也爱动物的我当场创作了一幅猫咪坐像，汗珠子不停地顺着他的脸颊流下来。这幅作品来之不易，感动得我竟不慎将泪珠儿淌在了画纸上。我一直珍藏着此画，并计划在下次赴沪时前往松江文化馆探望不幸罹患白血病的他。

杨杰让我想起了两个女孩子和两位残疾人。有一张报纸和一本杂志我从 1998 年一直保存至今，报纸报道的是当年中国的世纪洪灾，一个女孩子抱着家猫从江西九江的洪水区登上安全之岸，她刚刚失去了除猫咪外的所有家人；杂志封面是一个在日本地震中逃生的小女孩儿，怀里紧紧抱着一只小猫咪，那是她最好的小伙伴，其余家人情况不详。两位残疾人士都是自强不息的君子，一个是来自四川资阳的三轮车夫，一个是河南鹤壁的民办教师，他们自己是困难户却毅然选择帮助那些比他们还弱势、还无助的动物朋友。我也因此对他俩深怀敬意，从八十年代末起一直力所能及地帮助他们。

自有博客和微博后，我一直以一幅女孩与猫咪相拥图作为头像。其特别之处在于，女孩与猫咪绝非居高临下的小主人与宠物猫的关系，而是一个你中有我我中有你的生命共同体。那神情与眼神皆凝重而坚定，仿佛两相约定：不离不弃，相伴到底——人猫共同“看到了一丝希望之光，看到了更远、更美好的未来之光”（托马斯·卡莱尔，苏格兰哲学家与作家）。此图完美地展现了人与动物应有的平等、同体、共命运关系，二者乃是抗击残暴、呼唤仁爱的同一战壕的战

杨杰为我画的猫咪坐像（1987）

日本地震中逃生的小女孩与小猫咪

江西九江洪灾中逃生的女孩与家猫

女孩与猫咪相拥图

友与伙伴。

时光流转至2003年11月，张灵灵成为我正式收养的第一个喵星人。日益投身于动保中的我，与喵星人的缘分一发而不可收，张家喵星人俱乐部的成员目前已多达二位数，灵灵也早已从当年的独生女“沦为”了其中之一。稍后，我会把张灵灵、憨宝儿、Lucky99等小朋友的故事讲给您听，希望您喜欢。

而从收养张灵灵开始，我也与更多的喵星人、汪星人、各种形态的动物朋友以及因动物而结识的帮助它们的海内外志愿者“战友们”结下深厚善缘，这些善缘不出意外地结出了累累善果。或由我发起或由其他人／其他机构发起我参与的动保项目很多，难以一一列出，每一项如展开介绍都能写上数页：

▲终止活熊取胆，取缔养熊业；

▲拒吃猫狗肉，斩断猫狗肉消费黑色链条；

▲倡议演艺界善待影视娱乐业中的动物；

▲聚焦动物保护法的争议热点；

▲拒绝皮草，做关怀生命的消费者；

▲关注农场动物福利；

▲以请客吃素、环保护生替代无序放生；

▲美丽零残忍，倡议化妆品废除动物实验；

▲如何救助重大灾难中的动物；

▲建议立法取缔所有动物表演；

▲与导盲犬同行——我愿意；

▲遏制史上最大规模的野生动物伤害；

▲停止引进非洲幼象；

▲中国民众对加拿大海豹制品说不；

▲抵制美国西部牛仔竞技展演进入中国；

▲抵制澳洲袋鼠制品进入中国；

……

希望通过我的“故事”，使海内外读者对中国动物保护公益事业的现状、中国动物的真实生存状况、中国动保人的奋斗历程有所了解。

每个生命都有自己的精彩故事，每个故事都不尽相同，端看你是否讲述与如何讲述。

2019 年元旦于北京

目录 | CONTENTS

反对牛仔竞技秀进入中国

第一章

关注动物的电影记者

正在浴佛的我（摄影：时任新华社驻日记者兰红光，1991，东京）

既喜欢电影，我大学毕业后便被分配到中国电影公司国外宣传处工作，在一本创刊于1958年、以多种文字出版的外宣刊物《中国银幕》(*China's Screen*)担任编辑与记者，一做十许年，着实结识了不少前辈级第三代以及正当其时的第四代、第五代电影人。

* * *

第一节 凌导家客厅的自由鸟儿

我从小就喜欢电影，家族中又有数位电影人，以至于我的大学毕业论文——《〈骆驼祥子〉——从小说到电影》——也与电影有关，并得到了母亲的北影同事、该片导演凌子风伯伯的热情帮助。

凌伯伯在三里河南沙沟小区的家离我家很近，是我最爱去的地方之一。他家优雅别致的装修装饰几乎均为DIY，兴之所至夜半三更爬起来给哪面墙换个颜色也是常事。废弃树根被他捡回来化腐朽为神奇，自己动手做成木雕镶在墙上；一些有来历的电影道具，如

张丰毅、斯琴高娃主演的《骆驼祥子》电影海报

刘晓庆在电影《春桃》中的造型

凌子风与姜文、刘晓庆在《春桃》拍摄现场

凌子风在《春桃》拍摄现场给姜文、刘晓庆说戏

《春桃》一片里刘晓庆从头到尾戴着的烂草帽和背着的破背篓，都登堂入室高悬其上。

标志性的眼镜烟斗背带裤、花白眉毛胡子头发、富有感染力的朗朗笑声与真知灼见……这位兼具崇高业界威望与强大人格魅力的老前辈，只要不外出采景或拍片，家中总是高朋满座。所有人都能在浓郁的艺术氛围和欢愉的亲情般友情中感到宾至如归，由衷赞叹自称为“老顽童”、人称为“拼命三郎”的他不仅是位著名的电影艺术家，还是位不折不扣的生活艺术家。

最让我难忘的当然是他在朝南的大阳台亲自搭建的鸟儿乐园。百十只小巧玲珑的红嘴白身珍珠鸟儿在那开放式的乐园里与客厅里自由飞翔，蔚为壮观！它们不时欢鸣着落在来宾的肩头乃至头顶，有时不免洒下些粪便来。小保姆总是及时清理了，大家也都当成个有趣的插曲一笑而过。

那时候谁家的鸟儿都是养在鸟笼里的，哪儿见过像凌伯伯这样放养在家中的？问凌伯伯，他大手一挥道：“它们哪点儿不如人？又能飞又能唱又能把快乐传递给人，哪儿有把这些小机灵关禁闭的理儿？不关不关，一律自由！”

就是放在今天，凌伯伯的想法和做法也是最先进的：欣赏鸟儿的最佳之道，不是关鸟于笼中，而是观鸟于自然。做不到就退而求其次，把大自然浓缩到一门一户中，给它们营造一个仿自然的生存环境，与人相伴，各乐其乐，乐乐与共。

1999 年 3 月初，凌伯伯与世长辞。在八宝山革命公墓参加完凌伯伯的遗体告别仪式后，我搭濮存昕的车回家，路上他也说起对凌导家中自由飞翔的幸运鸟儿们印象深刻。同年 12 月，法国巴黎举办“凌子风电影节”以纪念这位伟大的中国电影艺术家。他创作的影片（《红旗谱》《骆驼祥子》《边城》《春桃》等）不仅是名垂中国电影史的真善美精品，也为世界电影画廊留下了耀眼的星光。

十几年后，我把被人遗弃的一笼鸟儿带回家抚养，打开牢笼还其自由，这显然是受了凌伯伯的影响。我为鸟儿们一一取了名，还为其中的“柠檬”之死撰写了悼文并厚葬之。2003 年“非典”期间，我所住小区规定所有居民家中的鸟类必须“立即自行处理掉”。值此危急关头，我带着所有鸟儿来了个“胜利大逃亡”，连夜打车把它们送到京郊一位爱动物的画家朋友家，小不点儿们因而得以侥幸地在那里安度鸟生。

* * *

第二节 电影人与动保意识

既喜欢电影，我大学毕业后便被分配到中国电影公司国外宣传处工作，在一本创刊于 1958 年、以多种文字出版的外宣刊物《中国银幕》（*China's Screen*）担任编辑与记者，一做十许年，着实结识

群星拍戏之余在京欢聚一堂（后排左起：李雪健、张丰毅、我、陈道明、张洪涛、于荣光、姜文；前排左起：于海丹、陈晓林、李晓华、张懿翎；80 年代末）

了不少前辈级第三代以及正当其时的第四代、第五代电影人。

在中影，每周都有两个半天的工作内容是“业务看片”，每次两部，以国产片为主，进口片为辅，均为尚未公映之样片，大放映室夏有冷风冬有暖气，朋友们都说这样的工作活活羡煞他们了。他们有所不知的是，但凡是动物主题或片中有动物场景的影片都看得我无比紧张，或从头到尾提心吊胆心惊肉跳，或到关键镜头闭目塞耳，严重时眼含热泪夺门而出。当时，“动物保护”一词及其理念尚未被引介入华，传统文化中的护生理念又早被中断与遗弃，电影人的动物保护意识普遍淡漠，影片中常有虐待乃至虐杀动物的镜头。

有位大名鼎鼎的第 N 代导演，风格被誉为极具先锋性、探索性，最大特点之一是“对活杀场景的全纪录式的捕捉”……起初我对其极度抵制，多次采访沟通后他说了这么一句话：“知道吗？认识你以后我再也不会伤害任何一只动物了。”难得他说到做到，“放下屠刀，立地成佛”。夫复何求？唯余随喜赞叹。

当时的我自然没有成熟的动保意识，所怀不过一颗朴素的不忍之心。做这位导演工作的过程中，我还有一位搭档——我的同事与学长、与吴天明导演合作有《首席执行官》《百鸟朝凤》等片的罗雪莹（编剧、制片），是她和我一起劝说该导演放弃了他即将开拍的新片中的个别不妥内容。

在放映室看样片或到拍摄地探班剧组时，遇到关爱动物的电影人是多么令人愉快啊！北影导演王好为因执导《海霞》（联合执导）《瞧这一家子》《哦，香雪》等片而广获国内外奖项，她与摄影师丈

《瞧这一家子》剧照（王好为执导，陈佩斯主演，获文化部优秀影片奖）

夫李晨声不仅绝不拍摄任何虐待动物的镜头，在银幕下的日常生活中更是身体力行，只要在京就一定朝夕不忘给院里的流浪猫送食送水，如身在外景地也会尽力照顾当地的流浪猫狗。有一次，我去她位于北影宿舍区的家中送几本刊有我对其专访的杂志时，正赶上她对那些向流浪猫投掷石块的顽童们苦口婆心地劝诫，要他们“从小学好”，“别欺软怕硬”，要善待那些不如自己幸运的“流浪毛孩儿们”。

1985 年，中国电影第五届金鸡奖、《大众电影》第八届百花奖授

前往成都参加金鸡百花奖颁奖仪式的北京记者团在三峡游轮上（前排右四为我，1985）

奖大会在成都举行。赴蓉路上，听八一电影制片厂喜剧演员陈佩斯聊他的护生故事：在他八一厂的平房宿舍前，几只没有绝育的流浪猫发出一声声凄厉的求偶叫春声，一演员邻居不堪其扰，手握菜刀冲出门来，身手敏捷的陈佩斯及时劝止了她并把猫儿们赶到厂后的无人区逃过一劫。我进而了解到，陈佩斯吃素、种树、不用动物制品，这在当时的电影人中实属凤毛麟角。

* * *

第三节 健先生物语

1990 年夏，由中国电影公司主办的日本电影周在内蒙古自治区举办，我作为唯一的随团记者全程同行报道。1978 年，《追捕》成为“文革”后第一部被我国引进的外国电影，创下无数票房纪录。以《追捕》《幸福的黄手帕》《远山的呼唤》等多部佳片深受中国观众热爱的日本殿堂级演员高仓健无疑是日本电影代表团最大的亮点，所到之处无不受到热烈欢迎。

为了这次采访，我在搜集资料准备问题的同时，做足了他不配合不接受的思想准备。如果他来个“抱歉，无可奉告”怎么办？毕竟，他被日本媒体视为“最难啃又最值得啃的硬骨头”啊！孰料，这位国民巨星竟出乎意料地亲和，不仅认真回答了我的每个问题，还在当晚的宴会上当众对我的大老板、中影公司总经理胡健说：“张小姐真是一位好记者。”

我都问了些什么问题？其个人生活经历显然对于理解他所塑造的一个个外刚内柔型男子汉大丈夫形象密不可分，是故我曾问及他的母亲对他从影的看法及对他一生的深刻影响，他与前妻、著名歌

我在乌兰察布市四子王旗的蒙古包里对健先生进行采访（摄影：金以云，1990）

手江利智惠美的复杂关系，他因使世上最重要的人伤亡而追悔缅怀不已的平生憾事，他与合作过的著名同行的幕后故事，他与动物（尤其是犬和马）的深厚感情等话题。他去世的两年前曾出演降旗康男执导的《致亲爱的你》，我想，他一辈子隐忍不发的万语千言皆浓缩于这部佳作的片名中了，这是后话。电影周之行尤其是蒙古包里的长时间采访使我得以近距离观察他，这印证了其形象银幕上下高度一致。

采访之后，随行翻译、东京中国饭店掌门人徐富造说，高仓健从来没有对记者谈过这些话题，如果你是个日本记者，你绝对可以靠发表这次独家采访成名发财了。感谢健先生的信任。说到三只爱犬不幸葬身于火海以及拍摄《南极物语》时与饰演雪橇犬的犬只们结下深情厚谊难以道别时，健先生几度哽咽。这位国宝级演员至情至性如此，以至于我也做出了自认为对得起其信任的决定：不公开发

《南极物语》海报

表这次采访的深度内容，而只做有关电影周的报道。

《南极物语》是健先生一生所拍摄的205部电影中唯一一部动物题材影片，也是全球最著名的十佳经典动物题材影片之一。该片摄于1983年，耗时三年，取材于日本南极探险队的真实故事，描写了雪橇犬的多舛命运，是一部拍摄难度极大而感人至深的佳作。影片上映后在日本引起巨大轰动，票房高达110亿日元，高居日本国内电影历史票房榜的第八位。

1958年2月，包括高仓健饰演的训犬师潮田在内的第一批日本越冬观测考察队带着15只用来拉雪橇的桦太犬到达南极昭和基地。几天后，观测船派飞机接走第一批队员，临行前，潮田等人把15只桦太犬拴好，留给即将前来接替他们的第二批队员。不料，由于天气极度恶劣，第二批队员无法按计划飞赴基地，所有队员必须一起回国。潮田强烈要求离开前接回那些桦太犬，但终究被迫放弃，令他万分痛苦。回到日本的潮田难以设想被铁链拴牢的狗狗们在缺少食物的冰雪南极能够存活下来，抛弃狗狗的不人道之举无时不在内心折磨着他。于是，他决定辞职并一一前去提供桦太犬的人家谢罪，还与队友修铸了一座铜像以纪念牺牲的桦太犬。一年后，潮田随第三批科考队再次来到南极基地，迎接潮田等人的竟是幸存下来的桦太犬太郎和次郎！它们的存活堪称伟大的生命奇迹，潮田与它们紧紧相拥喜极而泣……

1991 年，谢晋导演率上海电影制片厂《清凉寺钟声》摄制组赴日拍摄，我随组进行采访报道。该片由当时初出茅庐的“小生”濮存昕与日本著名演员栗原小卷等人主演。赴日采访期间，健先生请我在徐富造家开的“中国饭店”共进晚餐，把酒共话难忘的内蒙古之旅。“我的阅历告诉我，爱护动物的人一定是好人。”健先生在席

我和健先生在东京中国饭店（1991）

间两度如此说道。

与健先生始于 1990 年的交往岁月中，有太多感人细节令我回味。永远刻在我脑海中的镜头是，健先生所饰演的科考队员在遭遇极端天气的南极与雪橇犬们生离死别的悲壮震撼画面，其在《追捕》《远山的呼唤》等片中以及内蒙古大草原上纵马驰骋的英姿。

江山代有男神出，世间再无高仓健。安息吧，健先生。

第二章

我与国宝大熊猫

第一次抱大熊猫（摄影：Michael Wolf，1998）

带着满身的熊猫味儿，我走了，助养了其中一只名叫“秀秀”的熊猫“闺女”。因为我，不少朋友也加入到助养大熊猫的行列中来，一起探寻熊猫世界，守护自然奇迹。

1998年，因为德国《明星》周刊（*Stern*）驻华分社社长Matthias Sheapp，我得以零距离接触了人见人爱的国宝大熊猫，也有幸认识了以解救亚洲黑熊为己任的Jill Robinson（谢罗便臣）——我的动保领路人。

《明星》（*Stern*）是德国最大的新闻时事与社会生活周刊。其驻华分社社长Matthias身高超过一米九，中国朋友都喜欢称呼他为“马大个儿”。该刊时任总编辑更高一筹——一米九六；1999年这位颇有“高度”的总编辑曾陪同施罗德总理访华并举办大型招待会，我替他和马大个儿邀请了冯小刚、徐帆等一众演艺界人士到会捧场。

为满足德国读者对大熊猫的强烈好奇，该刊决定做一期大熊猫深度报道。知道我特别喜欢动物，马大个儿特邀我参与。我与他和摄影记者Michael Wolf一起于春初夏末两赴四川卧龙采访，目睹了大熊猫发情、自然交配、人工受精、产仔、育幼的全过程，着实难得与难忘，为此我深深感谢马大个儿。

中国大熊猫保护研究中心卧龙基地设在卧龙自然保护区内，位于四川省阿坝藏族羌族自治州汶川县西南部，距省会成都130公里。1998年4月初，卧龙乍暖还寒。一到住处“熊猫山庄”，我们仨把行李往简朴的客房里一放，扛上Michael 的“长枪短炮”，立即跑去

我与调皮吐舌头的大熊猫宝宝

看熊猫。

这辈子加起来也没见过这么多熊猫啊！成年熊猫各住各的窝，有的在大嚼特嚼竹叶，有的在爬树桩，有的在转圈散步，有的在打瞌睡。头年夏末秋初出生的几只小熊猫则在玩着各种游戏，热火朝天地打作一团。除了无限量的新鲜竹子，每天两次，成年熊猫都会吃到为它们特制的窝头。接过饲养员发的窝头，国宝们用两只前掌捧着窝头吧叽吧叽吃得别提多香了，最后还会用嘴把掉在地上、草丛里和脚板上的窝头渣舔得干干净净，真是好样的。熊猫宝宝们在一岁半以前不能吃竹子，每天喝牛奶、吃熊宝宝饼干。饲养员一来，它们就知道开饭了，不管正玩得多热闹，立即争先恐后跑过来抢奶喝，咕嘟咕嘟一口气儿喝得个底朝天不说，还不让饲养员把奶盆端走！“不嘛不嘛就不嘛，人家还没喝够呢！”我试着替它们求情问能否多加点儿牛奶，饲养员说：“不能由着宝宝喝，会拉肚子的，娃儿嘛！”

接着，在用消毒液洗过手并套上鞋套之后，怀着无比激动的心情，我第一次进入了育婴室。几个胖乎乎肥嘟嘟大肉球似的熊猫宝宝马上向我跌跌撞撞踉踉跄跄地“滚”将过来！不由分说，抱着我的脚踝顺着裤腿就吭哧吭哧地往上爬，却都因为心有余而力不足纷纷“落下马去”。我赶紧弯下身子，把这些颇有些分量、一刻不停拳打脚踢的小家伙们抱在怀里。小家伙们的注意力倒转移得快，用长着乳牙的小嘴一心一意“啃”起我的手指来，活泼可爱得无以名状。

正值一年中熊猫唯一可能发情的关键时期，工作人员夜以继日密切关注着每一只成年熊猫的动静。熊猫一年一度的发情期只有短短几天，一旦错过就得再待来年。为给种群繁殖能力低下的大熊猫进行“性启蒙”，卧龙的科研人员绞尽脑汁出奇制胜：给成年大熊猫看前辈交配的录影带（特别重要的是使其熟悉发情和交配时发出的声音）；把青少年熊猫带到正在交配的成年熊猫窝舍前参观学习；就差没让雄性大熊猫吃“伟哥”了……为确保每一只有发情迹象的雌性熊猫都能怀上宝宝，除自然交配外，中心还对它们实行人工授精。

住在卧龙熊猫山庄的那几天，看到、听到的故事可多了，比如熊猫择偶条件极其苛刻，非自由恋爱宁死不从。科研人员从血缘关系考虑，有时不得不实行“掉包计”。新郎官心粗则已，心细则会有大麻烦，一旦发现进得洞房的不是自己的意中人，会把新娘往死里咬。婚姻被包办的新娘子有苦难言疼痛难忍，急得工作人员站在敞蓬房顶上用长竹竿打新郎，从栅栏外用高压水龙头冲新郎，希望新郎赶紧住嘴和松手！当然，若是郎才女貌情投意合的天仙配，新郎定会使出浑身解数讨好新娘。

离开卧龙的时候到了。一大早，我悄悄地、轻轻地走进幼儿园卧室，去向即将醒来的熊猫宝宝告别，强忍着热泪、依依不舍地抚摸着宝宝们。宝宝们用乳牙轻咬我的手指，似在用这种方式道别：“再来呀，再来看宝宝呀！”

我与大熊猫“闺女”秀秀（此合影登上了美国《财富》杂志2004年中国特刊主编致辞页）

带着满身的熊猫味儿，我走了，助养了其中一只名叫“秀秀”的熊猫“闺女”。因为我，不少朋友也加入到助养大熊猫的行列中来，一起探寻熊猫世界，守护自然奇迹。从此，每年我都会回到魂牵梦绕的卧龙，看望秀秀和其他大熊猫宝宝。

2004年元旦，我回到卧龙，与秀秀和前一年夏末秋初新生的熊猫宝宝们一起迎接新年的到来。转眼间，当年认养时还只是个小顽童的秀秀已是5岁多的熊猫妈妈了。去看它时，它正带着自己的宝宝做特有的运动呢——慈爱地用嘴轻轻叼着宝宝的后脖颈，在屋子里不停来回溜达。

在2008年汶川特大地震中，中国保护大熊猫研究中心卧龙基地遭受重创，秀秀和其他许多熊猫一起被安置到雅安碧峰峡熊猫基地。从此，碧峰峡替代卧龙，成为我每年必去之地。卧龙基地后由香港援助重建。研究中心现由卧龙、都江堰、雅安碧峰峡三个基地组成。

怀抱汶川震灾后出生的小宝宝（2009）

我与国宝大熊猫始于 1998 年的因缘，让我持续关注有关大熊猫研究与保护事业的每一步进展，日后更与它们同种不同命的黑熊兄弟结下不解之缘。同时，我从 2003 年开始救助流浪动物，2009 年创办动保记者沙龙，乃至成为素食主义者……可以说，大熊猫领我走进了神奇的动物世界，同时也让我看到这些美好生灵所遭遇的困境。

因为我希望看到世界发生有利于它们的积极变化，所以，如圣雄甘地所说，我必须自己先成为这一积极变化的一部分。Be the change. Be the change you want to see in the world.

与我最有缘的大熊猫小朋友们，我的祝福与风同往，我的心儿与你们同在。

第三章

张家喵星人——那些刻在我心上的爪印

我与 Ku-chan 的自拍照（2009）

那清澈像湖水、浩瀚如星空、灿烂似金沙的双眸；那见怪不怪、万变不变、安之若素的达观；那活在当下、把握现在的通透；那永不消逝的好奇心与天长地久的耐心……

* * *

第一节 原住民张灵灵

“猫是文明程度最奇妙的‘指示器’之一。请告诉我你怎样看待猫，我就能说出你的为人、你的所思所想、你相信什么以及你所生活的世界的真正价值。”弗雷德里克·维杜不愧为法兰西学院院士和“骨灰级”猫奴。

2003 年 11 月 10 日，张灵灵走进了我的生活，成为我收养的第一个喵星人。

它是我从邻居老太太家抱回来的。一只未经绝育的猫儿到了发情的年龄自然会出现某些症状，因此常遭主人毒打。我从老太太家小保姆处听说情况后立即登门拜访，自告奋勇带它去绝育和免疫，费用全包，护理好并拆线后再送回来，老太太却怎么也不同意。后来她被我磨烦了，干脆连猫也不要了，让我带走，任我处置。我赶紧抱着猫儿回了家，生怕她反悔。

灵灵是我收养的第一只猫咪，也是我经手送去绝育并做术后护理的第一只猫咪。手术的成功与恢复的良好使我完全接受了“TNR”(Trap 诱捕—Neuter 绝育—Release 放归)，从此开始不遗余力地

张灵灵

推而广之。TNR 是一种借由施以绝育手术使流浪动物无法无序繁殖，从而达到减少流浪猫狗数量、提升其生存质量的管理方法，人道、科学、理性。自二十世纪八十年代以来，欧美等许多国家和地区的动保团体几乎无一例外皆大力实施 TNR。国际爱护动物基金会（IFAW）的一个著名口号便是："爱它，对它负责，为它绝育。"

母亲和我很快就爱上了它，母亲并为之取名曰张灵灵。当时尚处于青少年期的灵灵活泼好动，机灵无比，名副其实。一对儿黄宝石般的杏核眼那么美，那么纯，那么神秘。只是这双美眸里偶尔还会闪过一丝阴影，我知道，那是过去的噩梦在作祟，唯有用加倍的爱抹去它记忆深处的雾霾。

灵灵很快就从一只美少女猫成长为标准的淑女猫。它非常注重自己的外表，每天都会花上很多时间精心梳理自己，总以最佳状态示人。它的声音细柔娇嗲，富有表现力。吃相更是优雅，总是小口小口地进食咀嚼，从未见过它狼吞虎咽风卷残云。无论何时何地、何种姿态，灵灵永远都是一道宜人的风景。它本来长得就美，也知道自己美，所以就更臭美了。一身洁白柔顺的细绒长毛，头上“戴着一顶漂亮的小黑帽”（美国友人史德维语），后背右上和左下部位各有一片黑色的叶子，尾巴竖起来更像是一朵绽放的黑菊花，迈起猫步来仪态万方神气十足。论品种，灵灵应该算是只标准的奶牛猫（黑白花纹猫）。用一生爱猫的冰心老人的话说，灵灵这样的毛色又名“鞭打绣球”或“拖枪挂印”，可真有趣啊。

就这样，奶牛猫灵灵过了三年多独生女的好日子。到了2006年初，世道变了。我从竹园宾馆一口气救回了憨子、小扣子、虎妞妞和小黎黎一家四口。转年初，我的“发小”牟小非在她住的建设部大院里发现了一只被熊孩子们追打的小猫，遂开车将小猫送来我家，小猫迅速成长为超级淘气包胖淘儿。这下好了，放眼望去，满世界都是狸花猫的天下，把原住民奶牛猫灵灵的尊荣和安宁打扰了不说，还一举让它变成了彻底的少数民族，它的抑郁症一点点加深。后来……后来的后来……别提了，一只只新猫就跟葫芦娃似的鱼贯而入张家猫窝大门。

当然了，我这个麻麻（乃“妈妈”之昵称，来自宝岛台湾，读音为“马麻”）也不是白当的，除了照顾它们的饮食起居，还要研究其情绪与心理变化，并注意调解“民族矛盾”。问题的关键在于灵灵。麻麻我经常语重心长地开导它说：

“憨子它们比你多吃了多少苦、多受了多少罪啊？不光风餐露宿饥一顿饱一顿，还得躲避那些挨千刀的猫贩子，能活到今天、能到

灵灵与憨宝儿

胖淘儿

咱们家容易吗？别看人家不顺眼了，知道你漂亮你健康你聪明，可也得学着去发现其他那些喵星人的优点，和平友好相处啊，这样才是好孩子呢！”

灵灵的一肚子怨气这才慢慢地消了下去。岁月如梭，灵灵入驻张家猫窝已达16年之久。2019年2月22日“猫之日”（起源于1987年，日本）当天它过了17岁生日，折合成人寿则约为84岁，与我母亲所处年龄段相仿。所幸猫与人皆老当益壮，互为老伴儿，亲密有加，不在话下。

* * *

第二节 憨宝儿一家

2006年2月，我的美国友人David Stipp一家三口自波士顿抵京，下榻于我为其预定的竹园宾馆。David是美国著名的科学记者和作家，2004年我们作为同事刚认识时，我给他起了个中文名——史德维。我把三个字的意思逐一解释给他听，他非常喜欢，还在我陪同下到琉璃厂刻了枚名章带回国去。

史德维一家对古典庭院式建筑风格的竹园宾馆十分满意。结束北京的行程后，他们将前往深圳，领养盼望已久的一名孤女。当晚探望完他们临走时，跟史德维一起去前台预定次日的长城一日游。从他们住的后院那栋楼到前院的路上，楼阁相续，长廊曲折，深深的庭院里灯光幽暗，猫儿的叫春声此起彼伏，四处张望却看不到一只，大概都躲在假山后面了。

快走到前台大厅的自动门外时，我发现脚下有只猫咪，忙蹲下去跟它说话，它温顺地看着我一动不动。自动门应声而开，猫咪竟跟着我一直往大厅深处的前台走去。我把它抱到前台桌上，轻轻抚摸。服务员说，它是 2003 年“非典”时期被主人抛弃至此的，园里的流浪猫多半都是它的子孙后代，它们一家在这个院里生活好多年了，几乎每天晚上都来要吃的。我拜托她们定时喂它们猫粮和清水，说我会马上送猫粮过来，她们爽快地答应了，说院儿里还有好多野猫呢。该走了，我依依不舍地频频回头张望，而它竟也一直目送我离去。

心里从此有了它，再也放不下。第二天就请商家送去了几大袋猫粮。几天内多次出入竹园宾馆，却再没见到那只猫咪，它温柔敦厚的神态总在我眼前浮现。跟服务员们聊熟了，知道她们常用剩饭剩菜喂那些固定生活在那里的流浪猫，但猫数不断增加，有位国内“大款”客人不胜闹猫声之扰，投诉到总经理处。在屡赶不绝的情况下，为免影响生意，总经理果断决定近期来个“根本解决”，其意不言自明。了解到这一情况后，我立即与两位长年救助流浪动物、经验丰富的战友王寅与金静商量对策，一致决定尽快为那里的流浪猫绝育。

刚获救时的憨宝儿

数月后的憨宝儿

绝育不仅绝对必要而且好处多多，是一件利猫利人的大好事。如果猫狗没有绝育，其繁殖速度会让我们永远都不可能为它们找到足够的家，现状正是如此。由于数量过剩，许多猫狗流落街头，经受饥饿和疾病的威胁，被虐待、虐杀乃至虐食，命运悲惨。在繁殖季节，激素水平的变化会改变猫狗的行为。同时，流浪猫狗的大量出现，也会使公众对伴侣动物产生偏见，悲剧更不时发生。

长期生活在竹园宾馆里的流浪猫至少有 20 只。宾馆方提出了两个前提条件：第一，绝育、驱虫、治疗等所有费用一律由我们负担；第二，术后所有猫咪一个也不能放回竹园，必须全部带走。我们答应照办——猫咪繁殖的季节已经到来，时不我待。“抓捕”过程惊险艰辛。“战果”被我们全部送到一家动物医院进行绝育、免疫、疗伤，之后分别被我们几人收养或放归到由我们负责照顾的小区里。我收养了那只跟我进入大厅的猫儿和它的“老伴儿”以及它们的两个女儿，分别取名为：憨宝儿、小扣子、虎妞妞和小黎黎。一家子从此平安无虞，相亲相爱，幸福美满。

史德维一行离开北京后直飞深圳，从福利院接走了苦苦排队等候了一年多的孤女，回到波士顿时一家三口变成了一家四口。他早给小姑娘取好了英文名——Claire，说我若再给她起个中国名字就圆满了，于是就有了“宇家”——Claire Yujia 宇家。这个一下子掉到福窝里的小丫头茁壮成长，精力旺盛，求知欲和学习能力超强，让史德维夫妇连连称奇。不久，这个中年美国老爸果断辞职当起了自由作家，为的是不错过女儿成长的每一天、每一刻。

而我印象最深的则是宇家学会的第一个英文词——Gentle。这是因为她刚到新家时，家里有两只史德维夫妇多年前从本地流浪动物庇护所领养的猫咪，当时已垂垂老矣。小姑娘很喜欢跟它俩玩儿，但有时动作不够轻柔，所以她的美国老爸便言传身教，一边抚摸猫咪一边口念“be gentle”“be gentle”（温柔点儿）。宇家早期学会的另一个英文词是“Peace”（和平、安宁）。史德维在给我的邮件里说，他们生长于五六十年代的很多美国人以前分别时都习惯说“Peace！”，而不是今天的“Bye–bye！”。

今天，将近 12 岁的大姑娘 Claire 宇家不仅跟猫和狗成了好朋友，而且开朗友善，学业优秀。她还踢得一脚好足球，打得一手好乒乓球，德智体全面发展。

愿人心 Gentle，天下 Peace！

* * *

第三节　三脚飞猫 Lucky99

每只猫都是一件杰作，一件艺术品。

——列奥纳多·达·芬奇（意大利文艺复兴时期最完美的代表）

每只猫都是一只“特别的猫”。

——多丽丝·莱辛（2007 年诺贝尔文学奖获得者及著名猫奴）

那清澈像湖水、浩瀚如星空、灿烂似金沙的双眸；那见怪不怪、万变不变、安之若素的达观；那活在当下、把握现在的通透；那永不消逝的好奇心与天长地久的耐心；那与世无争的安睡与若有所思的端坐；那时而意蕴悠长时而含义明确的喵呜；那连绵不断又心满意足的小呼噜；那黄白相间、光滑柔顺的被毛；那少条腿又何妨快步与飞奔的身姿；那拥之入怀的婴儿般甜蜜与意味深长的良久对视；那抚过你脸颊或嘴唇的粉色温润梅花爪儿……

Lucky99

我们张家猫窝的 Lucky99 正是这样一只特别的猫，这样一件大自然的杰作。在与之共同生活的 6 年中，我常常最近距离地观察、惊叹于她这样一个小小喵星人身上与生俱来的各种神奇与美好。

癸巳年九九重阳节（2013 年 10 月 13 日），一只来自北京远郊的小猫咪走进了我的生活。这只不到 50 天大的流浪幼猫在京郊被一辆小货车撞碎了骨盆、轧断了右腿，在我们小区卖菜的一对河南夫妇带它来向我求助。经过两次手术，它终于得以在张家猫窝开启全新猫生。因身残志坚、感恩惜福和跑得快，人称“励志猫”“三脚飞猫”，我以“Lucky99”名之。

康复后，Lucky99 常随我外出参加公益活动，深受大小朋友欢迎。爱慕公益基金等还为它拍摄了公益广告片《中国励志猫 Lucky99》。它系《我是 Lucky99——治愈系萌猫自传》一书的主角，拥有微信公众号“励志猫 Lucky99 的喵日志”，未来仍将以讲座和写

《我是 Lucky99——治愈系萌猫自传》封面

清华大学讲座后（我抱着 Lucky99，2014）

北京实验二小讲座后（我抱着 Lucky99，2016）

北京漫画家兼流浪动物救助者焦海晶笔下的 Lucky99

焦海晶笔下的 Lucky99 及其小伙伴们

广州画家冯恩宜笔下的 Lucky99

冯恩宜笔下的 Lucky99 与我

北京 11 岁小画家黄馨瑶在陈颖老师指导下创作的获奖绘本《Lucky99——我的故事》(2019)

Lucky99 与从广西玉林一狗肉馆抢救出来的小狗“余生”在京欢聚一“床”(2014)

作等方式结识更多人类朋友，为喵星人代言。

“治愈加持，赋能于人，使命必达。用我最美的青春年华回报众生，希望人们从我的真实故事中受到些许启迪与激励。这既是我的过去，也将是我的未来，是我用生命踩出的一串串爪印。”——喵星语 7 级的我把喵星人 Lucky99 的演讲摘要翻译为以上地球人语。

第四章

动物保护与人道对待动物

出席“反对牛仔竞技秀进入中国”第四次新闻发布会的中外动保组织代表合影（前排右五、右四为长期致力于反对西部牛仔竞技的美国“尊敬和关爱动物”组织负责人，右三为我，2011，北京）

“认识她的人都清楚地知道，张丹倾其精力、激情与生命推动中国的动物福利，帮助了诸多动保团体，激励了如此多的人加入其终生的使命。”

* * *

第一节 生而为人 奉行人道

因参加2008年动物关爱博览会，我爱上了一个英语单词——Humane。

那年春天，我应Humane Society International（HSI）之邀，赴美参加其年度盛会“动物关爱博览会“(Animal Care Expo)。截止到当时，HSI几乎一概被译为“国际人道协会”。这样的翻译貌似正确，因为“humane”意为人道的、仁爱的，等等。但“人道协会”究竟是做什么的？在母语非英语的人们看来颇有点语焉不详，难道类似红十字会甚或是个人权机构？在会上我发现，1400多名与会者中来自北美的最多，除了全美最大的The Humane Society of the United States即Humane Society International的上属机构外，其他大大小小的动物保护、动物救助机构的名称里也经常含有“Humane”一词，通常是地名+Humane Society，如Chicago Humane Society、Colorado Humane Society等。

最后，请教了HSI总裁兼首席执行官Andrew Rowan博士，这才解开了我心中的小疑惑。他告诉我，“Humane”在这里就是“人道对待动物”“善待动物”或“保护动物”之意，而“Society”则是协会、学会之意。这两个词每每约定俗成地连用在一起，在许多国家，现在大多指防止虐待动物协会（SPCA）。

疑团解开了。无论如何，与“防止虐待动物协会（SPCA）”相比，我还是更喜欢将“humane society”译为“人道对待动物协会”。因为从字面上看，“防止”是被动的，而“人道对待”则是主动的。所以，我把 The Humane Society of the United States 译为“美国人道对待动物协会”，把 Humane Society International 译为“国际人道对待动物协会”；同理，把上面所举之 Chicago Humane Society 译为芝加哥人道对待动物协会，Colorado Humane Society 译为科罗拉多人道对待动物协会，这两家协会我都曾有幸参访过。

于是，后来与 HSI 合作在国内开展抵制加拿大海豹制品、取缔引进美式西部牛仔竞技展演、呼吁停止消费犀牛角等野生动物制品、废除化妆品动物实验等所有项目时，Humane Society International 一律以“国际人道对待动物协会”的名义出现。每次看到这个译名，我都情不自禁地引以为豪。

随着我对“humane”一词理解的加深，常常不由自主地感叹小小一个单词却具有如此深刻、慈悲、美好的含义！从一个具有人类形体的“人”到能够摒弃狭隘落伍的人类中心主义观点、尊重与善待其他生命的“人道”，距离有多远？Human——Humane 二词尽述也！只有加上了“e”的”human”，只有“当悲悯之心不只针对人类，而能扩大涵盖一切生命时，才能到达最恢宏深邃的人性光辉”（生命伦理学家史怀泽语），一个人才能称得上是一个真正的人。

见过一幅题为“做一个动物的天使”的公益海报——一位名模兼演员右侧身抱着一只猫咪，正下方的大字赫然入目：If you have to be HUMAN, at least be HUMANE——“你若必须做人，至

“做一个动物的天使”公益海报

少奉行人道”。这真是这对冤家单词的最佳注解。

其实，“humane”一词还含有使动物少受痛苦的、无痛的武器或牲畜屠宰机等延伸含义。其实，这世上从不存在没有任何恐惧与痛苦的屠宰，所谓符合动物福利标准的人道屠宰也不过是个退而求其次的权宜之计。根本解决之道唯有断屠戒杀，茹素护生。

* * *

第二节 动保记者沙龙

数年前一档热播的电视节目中，女主持人准备提问下一道题。

高校学生代表队成员紧张而兴奋地望着她，右手紧握桌上的按钮，随时准备抢答。

“请听题：同学们应该都知道有道广东名菜叫‘龙虎斗’吧？其中的‘龙’是用蛇肉做的，有谁知道‘虎’是用什么做的？请同学们抢答！”

“是用猫肉做的！”某大学代表队的一员抢答道。

“没错，是猫肉！恭喜同学答对了！”

主持人追问：“吃过吗？”

“没吃过！”

继续追问：“想吃吗？”

“想吃！”

……

正是有鉴于我国存在的虐待动物的现象、主流媒体对此的集体沉默／边缘化处理／错误导向、公众动物保护意识的淡薄及相关动物保护法律的缺失，2009 年 7 月，我和数名新闻工作者发起成立了中国动物保护记者沙龙。沙龙聚焦中国动物保护的严峻现状与突出问题，邀请新闻媒体、国内外专家学者、政府决策部门官员、一线动物救助志愿者与各界爱心人士代表集聚一堂，充分交流沟通，提出解决方案。同时，本着学习知识、交流信息、自我教育的宗旨，邀请专家学者介绍中华护生文化传统以及动物保护、动物福利与动物权利等理念与实践，进而在各自的媒体平台上向大众进行普及传播，把动物正在遭受虐待的事实和善待动物、尊重生命的理念一波波传递出去。接下去的几年中，沙龙逐渐成为一个整合力量与资源的独特纽带与桥梁。

每次的活动通知上，我都会在左上方写上“水火中动物的呼声与媒体人的历史责任”，在右下方写上“与其诅咒黑暗，何如点亮烛光”。前者是我发起沙龙的初心，后者则是我迄今不渝的信条。

山东大学哲学与社会发展学院副教授郭鹏女士是中国动物保护运动的积极推动者与一线救助的积极实践者。她在《知情、同情与行动——祝贺中国动物保护记者沙龙成立并积极行动》一文中写道：

中国动物保护
记者沙龙
China Animal Protection Media Salon

动保记者沙龙 Logo（设计：解征）

“沙龙的成立，使记者们有机会聚集在一起就中国目前一些与动物保护相关的热点问题进行探讨和交流。他们通过深入报道事实和开展广泛的社会讨论，以媒体的特有力量来推动全社会在反对虐待动物的问题上达成起码的共识。至此，他们已经在报道事实、提高公众认识和促进动物保护立法上做出了令人刮目的成绩。”

与央视新闻频道《新闻调查》栏目资深编导陈新红女士也因动保而结缘。只要不出差，只要能挤出时间，每次沙龙活动她必到会，坐在角落里静静地听和看。她对 2009 年 9 月的沙龙主题“虐杀虐食猫狗等伴侣动物——历史、现状与出路”很感兴趣，经过几番努力，在我们分布于这条黑色产业链各环节所在地志愿者的协助下，一期长达 45 分钟的节目《需要法律保护的猫？》于 2010 年 3 月在中央电视台新闻频道播出。

同月，由中国社会科学院法学研究所、英国防止虐待动物协会共同主办的“中国动物保护法制建设国际研讨会”在京召开。大会将“中国动物保护与管理法治促进宣传奖”颁给了陈新红（“两次拍摄央视《新闻调查》节目，揭示动物的被虐待状况，在中国产生了巨大的社会反响”）和我（“长期参与反虐待的宣传，组织媒体参与讨论，并长期追踪中国的反虐待动物法治进程”）。5 月，我们还一同赴美参加了国际人道对待动物协会主办的国际工作坊与动物关爱博

陈新红、我与动物关爱博览会参会代表（2010，美国田纳西州纳什维尔）

览会，新红应邀在会上介绍了节目艰难的摄制过程，突出分享了作为整个群体的救助者、志愿者在中国动物保护进程中所发挥的关键作用和感人故事。来自世界各国的动保界代表对节目的成功纷纷表示祝贺，对中国动保志愿者的忘我和勇气致以敬意。

印度国父甘地有言：一个国家、一个民族是否伟大，道德是否进步，完全可以从其对待动物的态度与方式中得到印证与判断。

五年后，动保记者沙龙等联合发起的“中国动物保护新闻奖”项目启动，旨在表彰媒体人参与和见证一系列重大动保事件，忠实记录与报道我国动保走过的艰辛历程和取得的不凡成就，并促成了有关部门对某些问题的重视与解决。除陈新红外，另一名优秀代表是《第一财经日报》首席记者章轲先生，他长期关注动物议题，对“活熊取胆”、玉林“狗肉节”、猫狗肉黑色产业链、加拿大对华兜售海豹制品等均做了及时准确、客观详实、见解独特的深入报道。因其报道往往是相关报道中最早和最佳者，故被广为转发。

* * *

第三节 对“动物保护”的完整解读

亚洲动物大会（Asia for Animals Conference）是国内外动物保护团体、专家学者、媒体从业者等相互交流的年度盛会。会议通过主题演讲、案例分析、论题讨论等形式对相关问题进行深入探讨，在亚洲范围内的动物保护领域具有促进发展、共同提高的战略意义。

2011 年 6 月，第 7 届亚洲动物大会在我的故乡四川成都隆重举行，主题是“创意非凡——终止动物虐待”。这也是亚洲动物大会第一次在中国大陆地区举办。大会由亚洲动物基金主办，受到动物守

我与尼泊尔动保组织的代表在第七届亚洲动物大会上（2011）

护神、动物与人、动物好友协会、世界农场动物福利协会、国际人道对待动物协会、国际野生动物救援组织、国际爱护动物基金会、英国防止虐待动物协会、香港爱护动物协会、世界动物保护协会的大力支持。全球约400位来自中国大陆及台湾、香港、澳门地区以及埃及、印度、印度尼西亚、马来西亚、尼泊尔、巴基斯坦、新加坡、菲律宾、斯里兰卡、英国、荷兰、澳大利亚和美国的参会代表就亚洲范围内的动物保护问题畅谈面临的挑战，分享各自取得的成功经验。大会审视动物所面临的生存困境以及人类面对这些困境的关注与行动，相互交流经验，并就如何在亚洲地区与政府部门、法律专家、民间团体等社会各界共同协作和更为有效地开展工作展开讨论。

会前培训议题包括：伴侣动物救助中心管理；媒体宣传、筹款及社区教育；紧急救援。主题发言议题包括：教育、激励、行动；圈养动物福利；动物演员和媒体责任；实验动物与替代方法；关注农场动物；野生动物贸易；伴侣动物的科学对待；物种保护中的动物福利；科学的牺牲品等。

安德鲁（Andrew）是亚洲动物基金（Animals Asia Foundation，AAF）从养熊场救出的第一只黑熊。它被熊场主砍掉了左臂，病缠身，皮包骨。可它仍然选择对人类宽容信任，就像一个温暖的大男孩，遂成为 AAF 的象征。不久，它走了。“你的离去不会让我们变软弱，我们会因你而更坚强”——这句话被镌刻在其墓碑上。

被熊场主砍掉左臂的安德鲁（Andrew）获救后在救护中心安度余生（来源：亚洲动物基金）

第六届中国伴侣动物研讨会参会代表合影（2017）

雕塑家赵志荣为安德鲁雕刻的塑像安放在AAF位于成都郊区的亚洲黑熊救护中心入口处，静静地守护着那些劫后余生的大个子们。

为“表彰那些在动物福利方面做出突出贡献的支持者”，亚洲动物基金用它的名字设立了首届亚洲动物福利奖“安德鲁奖”，包括政策推动贡献奖、媒体杰出贡献奖和突出贡献个人奖。我被授予“杰出媒体贡献奖”(Outstanding Media Contribution Award, Andrew Award)。颁奖词说：“张丹多年来致力于推动动物保护／福利事业。为使媒体提高动保意识，她与同伴们发起了‘中国动物保护记者沙龙’，为与媒体人分享动保经验与探索创新之路提供了平台。作为一名资深记者，张丹努力聚集有影响力的各界人士，寻求其他宝贵资源，帮助本地动保机构。认识她的人都清楚地知道，张丹倾其精力、激情与生命推动中国的动物福利，帮助了诸多动保团体，激励了如此多的人加入其终生的使命。”

过奖了过奖了！我所做的比我想做的和应做的还差得太远太远。唯一能做的，就是不抛弃，不放弃，在坚持不下去时坚持下去。

正所谓：怀绝望之心，行希望之事。

第五章

对“活熊取胆”大声说不

我在第七届亚洲动物大会上（2011）

它是“宽恕”的代言熊，它成了救护中心的和平大使，偷走了很多人的心。仿佛怕惊扰嘉士伯安息似的，谢罗便臣轻轻地说，熊抱具有疗愈心灵的作用，能获得熊抱的人是幸运的，他们的心色会变得日益明亮。

* * *

第一节　谢罗便臣："它的目光刺穿了我的心"

谢罗便臣（Jill Robinson）与月熊（即亚洲黑熊，因胸前有着一弯美丽月牙儿图案而被称为“月熊”——Moon bear）的“第一次握手”发生在1993年广东番禺的一个养熊场，当时她是国际爱护动物基金会（IFAW）的一名顾问。一只一辈子都被关在锈迹斑斑低矮铁笼里的月熊吃力地把手伸出来搭在她纤弱的肩上。惊回身，对视中，她只觉得“它的目光刺穿了我的心”。没有恐惧，没有迟疑，她不假思索地握住了那只皲裂得酷似龟壳的熊掌，从此再没有放下——她把它放在了自己的心里。

这次邂逅带来的是她“一生中接受到的最强烈的信息”。因为这次握手，她顿悟了自己的使命——终止养熊业，拯救月亮熊。筹备五年后，她在香港正式创办了以改善动物生存环境为目的的非营利性慈善机构——亚洲动物基金(Animals Asia Foundation，以下简称AAF)。1998年也就是她创办AAF的那一年，谢罗便臣应邀在北京举办一场演讲，我的那位德国记者朋友马大个儿买了张入场券送给我。那是我第一次了解可爱温顺的月亮熊和残忍之至的活熊取胆，

改变一生的时刻——谢罗便臣与月熊的第一次握手（1993）

亚洲动物基金创办人谢罗便臣（2012）

至今刻骨铭心。

“保护月熊”是AAF的旗舰项目，与“猫狗福利”以及“圈养动物福利”等项目一样，宗旨皆是“尊重生命，终止虐待”。所有这一切不仅是为帮助受苦的动物重获尊严，也努力改善人们对待动物的态度，推动人类与这个地球上的其他居民之间的和睦共存。

“我们今天的生活方式，将会使下一代对残忍熟视无睹。”

“作为动物福利行动者，我们比大多数人都曾更多地目睹和理解动物所遭受的苦难，我们的影响远比我们所预期的要来得深远。”谢罗便臣在接受我书面采访时说。

1993年到2019年，谢罗便臣对胸前有着一弯美丽的金黄色月牙儿形状图案的月熊所发的誓言一践行就是26年。她右肩上所刻下的中文“月熊”二字经年不褪，历久弥新。

每一头获救的月熊都像是中了大奖！背后都凝聚着太多的艰辛努力，命运都从此改写，都在 AAF 设于四川成都的黑熊救护中心安度余生。

“和我们人类一样，动物也只有一次生命。那是它们的生命，它们唯一一次的生命，同样能感知痛苦与恐惧的生命。生命对它们而言正如对我们而言一样重要。”

谢罗便臣的那次公益演讲之后，已与她合作了一期有关活熊取胆专题报道的马大个儿请她和她的兽医团队共进午餐，我也受邀参加。那是我平生第一顿素餐。谢罗便臣和她的几位兽医女同事分别来自英国、南非和澳洲，人都那么美，都那么有爱，并且，都茹素。我第一次知道，人可以这样选择自己的生活方式，有益于动物，有益于环境，有益于人类自身。从此，我成了 AAF 的忠实志愿者并开始尝试实行素食。

无论是对我的流浪动物救助团队，我后来联合发起的动保记者沙龙和动保网，还是我的几本动保主题图书（收入六篇活熊取胆相关作品的《动物记》一书，对她进行深度访谈的《另一次是遇见你——关于动保／素食／生命》一书，乃至讲述我所收养的流浪猫故事的《那些刻在我们心上的爪印》和《我是 Lucky99——治愈系萌猫自传》两书），谢罗便臣都一如既往地给予支持，以亚洲动物基金的名义与其他国际动保组织联袂推荐并亲撰推荐序。此外，谢罗便臣还向世界动物日组织推荐我担任其中国大使，她自己则应邀担任亚洲大使。我们与世界各国、各地区的大使们一起努力，通过各种方式激发人们关爱动物的意识，鼓励人们选择“动物友好型”的生活方式，共创人与动物共享的美好家园。

松林电影制片厂（Pinewood Studios）是英国诸多大片的诞生地。2016 年 11 月的一天，借参加一个全球品牌论坛之机，我有幸出

纪录片海报

席了纪录片 *Jill Robinson: To the Moon and Back*（暂译为《谢罗便臣：迢迢月归路》）的首映式。影片“展现了动物福利机构亚洲动物基金创办人与首席执行官谢罗便臣激励人心的故事。在一个改变一生的时刻之后，她发起了一个旨在终止中国与越南的活熊取胆养殖场的慈善机构，并把更广泛的动物福利信息带给中国与越南人民”。

担任首映式主持人的是片中的讲述者——著名演员皮特·伊根（Peter Egan），他最为中国观众尤其是英剧迷所熟悉的角色是《唐顿庄园》（*Downton Abbey*）中 Rose 小姐之父 MacClare 勋爵。他曾不止一次到访亚洲动物基金位于四川成都的月熊救护中心，陪同月熊们体检或手术，还亲手为它们修剪指甲。皮特还与在《唐顿庄园》中饰演厨娘 Patmore 太太的著名演员莱斯利·妮可（Lesley

皮特·伊根手持我送给他的圆领衫

Nicoles）一起，带动整个《唐顿庄园》剧组关心和支持救助月熊并在英国发起募捐。莱斯利在片中说：“作为演员我们可能无法改变一些事情，但可以吸引公众来关注和保护这些可怜的动物。正因为它们不会说话，所以我们更要为它们发声。”

* * *

第二节 为挣扎于水火中的黑熊请命

因谢罗便臣的一场公益演讲，我开始关注黑熊的命运，走上呼吁终止活熊取胆之路。

“只有了解才会关心，只有关心才会帮助，只有帮助它们才能得救，生命才有希望”——牢记着英国动物行为学家与动物保护先驱珍·古道尔博士的名言，我一直尝试着用转载、撰文、编书、微访谈、组织专题活动、联系“两会”代表提交议案与建议等各种方式将“活熊取胆”的真相公之于众。

2009 年 11 月底，以“终止活熊取胆，取缔养熊业”为主题的大型记者沙龙活动在京举行。这是自当年 7 月我参与发起中国动物保护记者沙龙以来准备最充分、规模和影响最大的一次活动。从确定主题、联系嘉宾、邀请媒体到护生合唱团的排练、录音等各个环节，我日夜奋战了一个多月，请来了与之相关的几乎所有嘉宾：披露熊胆真实疗效的著名专家教授、揭示真相的杰出媒体记者、小熊护生合唱团创始人和孩子们……我的搭档则包揽了活动拍摄记录和场地安排等事宜。中央电视台、新华社、《中国青年报》、《北京晚报》等 30 多家全国性媒体齐聚一堂，讨论如何通过媒体的力量加速终止活熊取胆行业。

2012 年 2 月，一家南方的“活熊取胆”大户企业出现在证监会公示的申请在创业板上市的企业名单上。我火速起草了一封致证监会及主席郭树清先生的公开信，接着紧急联络我刚刚出版的动保文集《动物记》一书的众多作者。星云大师等 51 位作者在 24 小时内纷纷联署支持，而莫言等 10 位并非该书作者的著名作家的联署则归功于作者之一徐苹女士（笔名“须一瓜”，获奖影片《烈日灼心》原著者）的努力。

反虐熊，我所欲也；保护人，亦我所欲也——二者可以得兼，并行不悖，相辅相成，是一枚硬币的两面。正如唐代“药王”孙思邈在《千金方》中一针见血指出的：“杀生求生，去生更远。”故而古今中外凡“苍生大医”皆倡导“不用生命为药”。

数年来，我和战友们的另一项工作便是推动立法，年年“两会”

上的动保提案不断。动保志愿者与各界爱心人士一如既往引颈期盼动保法早日问世并得到贯彻落实。有动保法不是万能的，而没有动保法则是万万不能的。知我者谓我心忧，不知我者谓我何求。我们连续提请人大代表和政协委员向“两会”提交多个提案建议，与拯救黑熊主题相关的包括《关于加大对熊胆替代品研发及推广力度的提案》《关于提升亚洲黑熊保护级别和推动养熊业转型的建议》《关于在2022年前全面停止商业养熊业的建议》等。

其中，全国人大代表、中国佛教协会副会长明海法师提出了七点具体建议：一是研究制定配套措施，积极稳妥地推动养熊业转型和全面退出；二是2020年前建立养殖黑熊数据库，对养殖黑熊个体进行芯片标记，方便跟踪和监测养殖黑熊的数量及流向，防止野生来源的个体进入养殖业；三是2020年宣布停止养熊场的黑熊繁殖，遏制养殖黑熊增长势头；四是2022年出台养熊业退出时间表，争取到2035年全面淘汰活熊取胆产业；五是加大人工合成熊胆研究成果转化力度，加快人工合成熊胆制品的审批速度；六是与《濒危野生动植

明海法师

我在第六届全国大学生动保夏令营上（2018，河南焦作）

物种国际贸易公约》（CITES）等国际公约接轨，将亚洲黑熊的国内保护级别提升为一级；七是在政府政策引导下，鼓励企业和民间组织积极参与养熊企业的转型和退出。

虽然这许多提议迄今为止尚未取得实质性的进展，但我深知：吾辈若不咬着牙继续“踹”（Try——努力 / 尝试）下去，“熊企”们就绝不会自动退出历史舞台，黎明的曙光就永不会照进黑暗的熊场，歌曲《小熊》所歌咏的——“妈妈，‘你带我去山林，你带我去小河’，去亲身感受那‘有蘑菇的森林，有自由的风’，‘我就是快乐的、幸福的小熊’”——就永无实现之日。

为了终其一生在水深火热中备受煎熬的安德鲁们，轻言放弃无异于背信弃义。

＊＊＊

第三节 小熊“彩虹”

小熊“彩虹”的故事是我在2016年12月3日亚洲动物基金与四川龙桥黑熊救护中心在上海举办的“蓝月慈善晚宴”上听到的。当晚，社会各界爱心人士逾300人出席盛会，近50件来自全球各界的珍贵捐赠品予以拍卖，慈善家们踊跃竞拍，善款将全部用于拯救与保护月熊，现场洋溢着爱心的暖流。我的好友蒋春余先生代表中国华信能源有限公司拍下整场拍品中价值最高的油画《彩虹》，以实际行动鼎力支持动物保护公益事业。

“彩虹”是一只小月熊的名字。它的命运先悲后喜。害它和救它的都是人类——当然，是完全不同的人类。它既是人类欲望之下的受害者，又是人类不忍之心的获救者。谢罗便臣讲述了彩虹的故事：

在高山上，一位老妇人偶遇了一只6～8月大的小月熊。小熊被捕兽夹牢牢困住，一动也不能动，右前掌严重受伤并在捕兽夹中腐烂，恐惧与伤情让它奄奄一息。这是山区中一片美丽的原始野生森林，我们只能推测，狩猎人四处随意放置了捕兽夹，期待能捉到在森林中漫步时不幸踩到捕兽夹的动物。在野生动物市场价值颇高的背景下，捉到任何动物都会换来不错的交易。幸运的是，老妇人报告了林业部门，后者又通知了我们救护中心。两个小时之后，装备齐全的救援卡车已整装待发，我们踏上了前往彭州之路。

蒋先生上台接受慈善画作《彩虹》并发表感言(左起:我、蒋春余、画家、谢罗便臣)

当我们的车爬上彭州地界的群山之中时,天空中出现了美丽的彩虹,熠熠生辉,光芒万丈。黑熊救护中心中国饲养和兽医总监尼克说:我们一定会在彩虹的尽头找到那只受伤的小熊。于是这只小熊就有了一个名字:彩虹(Rainbow)。

在浓密的丛林间,一片黑色的阴影发出了由恐惧和愤怒而引发的怒吼,但在怒吼过后,空气中有着无尽的悲伤。突然,大家又听到了可怕的“咔嚓”声,我们意识到小熊正在试图咬掉捆住它脚掌的捕兽夹的铁丝线。一堆堆苍蝇嗡嗡地围绕着小熊乱飞,我们同时也闻到了腐肉发出的阵阵恶臭。

兽医和兽医护士冷静地准备了麻醉药剂,麻醉枪射出去了。没过几分钟,小熊就睡着了。我们长长地舒了一口气,把小熊从灌木丛中拖了出来。看到小熊被捕兽夹夹住的脚掌和干瘦脱水的身体时,我们每个人都倒抽了一口气,眼泪溢满了眼眶。蛆虫已经感染了它的面部,在口鼻上不停蠕动,还有几百只虫卵正在孵化。它的牙齿也受伤了,被捕兽夹夹住的脚掌惨不忍睹。铁丝深深嵌进它的脚掌,由于供血不足和感染，这只脚掌的皮肤腐烂、坏死，肿胀成正常脚掌的两倍。它一定是痛苦极了，竟试图咬掉嵌进铁丝的脚掌并已咬掉了两只脚趾。

我们把捕兽夹上的铁丝线剪掉，林业部门的政府官员将其作为调查物证保留了下来。我们把小熊搬到了救援卡车上，启程返回成都，小心翼翼地把它放在手术台上。由于感染和受损，小熊从肘部以下7.62厘米到脚掌严重坏死，截肢是唯一的选择。带着沉重的心情，兽医开始了拯救其生命的手术，手术一直持续到午夜零点以后。我为我们的成都团队感到无比的骄傲，他们从死亡边缘救回了这头小熊，医治它，照顾它。

我不禁想起小彩虹的母亲。在小彩虹被捕兽夹困住之后，它很有可能在每天晚上黄昏时分或深夜之后来看望它那不幸的小宝贝。猎人自私的欲望造成了一个悲剧：在那群山之中，一位母亲正独自伤心欲绝却爱莫能助。

目前，我们正与中国和国际野生动物专家紧急对话，探索把小彩虹放归野外的可能性。

如谢罗便臣所愿，小熊彩虹截肢后恢复良好，被成功野放，与其母欢聚于高山密林中。

* * *

第四节 疗愈心灵的熊抱

尽管曾多次造访全球十佳动物救护基地之一的“亚洲黑熊救护中心”，再一次前往却仍然受到震动与感动——震动于人类对胸前有着

谢罗便臣与我

一弯美丽月牙儿图案的月熊的无底线残忍榨取，感动于月熊们对于人类的宽容与友爱，以及谢罗便臣、亚洲动物基金、各界爱心人士20余年来坚持不懈的奋斗。每当凝视这种大个子动物的双眸，都会读出太多太多的深刻内涵。

最难忘的一次参访发生在2017年，谢罗便臣亲自给访客的我和我的两位成都朋友当向导。细雨绵绵中，她穿着亚洲动物基金的背心、短裤、胶鞋，带着从狗肉市场上救回来、后经培训作为医生犬(Dr. Dog) 上岗的两只幸运狗儿，领着我与我的好友何燕之女、现已从其母手中接任成都国腾实业集团有限公司董事长的何雨霏小姐走访了整个中心。谢罗便臣一路上讲解着我们看得到和看不到的种种内幕故事。最令人动容的仍然是那片墓地，生灵的涂炭与践踏，生命的价值与尊严，人之为人的道德底线，国家民族的文明进步与国际形象，全都无言地浓缩于此了。几百个受尽折磨的大个子们终于在这里得到了永久的安宁。雨丝渐渐化为雨滴，滴滴敲击和拷问着人类的良知。肃立默哀，沉思良久。

站在不久前辞世、牵动无数人心的月熊嘉士伯（Jasper）的墓前，想着它短暂又漫长的一生：被关在养熊场牢笼里的15年、获救后在此度过的愉快的15年。它是“宽恕”的代言熊，它成了救护中心的和平大使，偷走了很多人的心。仿佛怕惊扰嘉士伯安息似的，谢罗便臣轻轻地说，熊抱具有疗愈心灵的作用，能获得熊抱的人是幸运的，他们的心色会变得日益明亮。

每次与谢罗便臣通信时，她都会以“Bear hugs（熊抱）！”结尾。

我相信，无论是熊抱还是猫抱，都是我们人类所亟需的。

第六章

为生命护航　让海豹悠游

我在“海豹保护的希望在中国”新闻发布会上发言（2015）

在艰难中前行的中国动保近年来遭遇了不止一场来自异域的挑战……中国动保人不仅勇敢地迎接了挑战，而且还一举成为某些动保领域的国际领跑者。

* * *

第一节 海豹保卫战打响

加拿大每年都要商业猎杀几十万只海豹。几十万只无辜生灵血染雪原的惨景曾令无数善良的人们过目难忘。遇害海豹中有 80% 是出生 12 天至 1 岁大的幼年海豹，小海豹的皮毛最终变成了贵妇的暖手筒和皮帽……

可这跟万里之外的中国有什么关系吗？有。为了“维持加拿大海豹皮业的生机”，世界裘革最具潜力的消费市场——中国——被该国联邦渔业部长锁定为救市出路。

拿什么拯救你，大眼睛的海中精灵？

在保卫海豹的正义之战中，中国可以有所作为。

2010 年 11 月底，动保记者沙龙等民间动保机构与美国国际人道对待动物协会（HSI）在京召开“倡议中国杜绝海豹类制品”的新闻发布会。HSI 的专家向中外媒体介绍了加拿大海豹类制品背后的残暴事实，呼吁中国禁止交易海豹产品。

当时的我尚未意识到，这场记者会打响了一场长达 5 年多的中国民众加入国际社会“对加拿大海豹制品说不”的战役。作为海豹

海豹

项目的中国总协调人，我为海豹保卫战所花费的精力和所撰写的文字，可能是所有动保项目中最多的，其余两个要数拯救黑熊和禁食猫狗项目。

海豹保卫战是在全球化背景下中国动物保护公益事业所面临的一场全新挑战，且并非个案。近年来，一些国家拼命对华兜售在其本国已日薄西山的所谓“传统”动物产品和项目：西班牙斗牛、美式西部牛仔竞技、爱尔兰灰狗赛、法国肥鹅肝、日本鲸鱼肉等。这些国家的某些政客和业界不甘心退出历史舞台，一边把中国视为其最后一根稻草，一边又对本国民众大谈“中国没有动保法，中国人无所不吃，无所不消费”的污蔑性言论。中国民间动保组织、广大志愿者和社会各界有识之士通过一系列宣传与抵制行动，正告这些国家的政客与业界：中国不是你们这些血腥垃圾的倾销地，并赢得了上述项目引进计划下马等一系列可喜可贺的战果。

* * *

第二节　小海豹 Baby

2011 年 1 月，我和志愿者前往第 37 届中国国际裘皮革皮制品交易会，抗议加拿大海豹业对华兜售海豹产品。我第一次看到了一张张悬挂展示的整张小海豹皮，上面两个洞眼分明就是它们那曾经亮晶晶的大眼睛……

加拿大海洋与渔业部长盖尔· 谢伊 (Gail Shea) 率加拿大海豹制品团借机推广海豹皮毛制品。动保与素食 NGO“别吃朋友”发起人解征在后背上用别针挂着一幅他自己设计的海报，上面用中英文写着：“中国人民不欢迎加拿大海豹产品！ Chinese people do not welcome Canadian seal products!”

春节前夕，有志愿者发现央视“春晚”御用服装设计师郭培在刚发的一则微博中表示，将用海豹皮毛点缀春晚主持人董卿的礼服。消息被确认后，“别吃朋友”“达尔问自然求知社”等动保 NGO 马上设法与郭培、董卿取得联系，敦请其切莫采用海豹皮毛。二人迅速

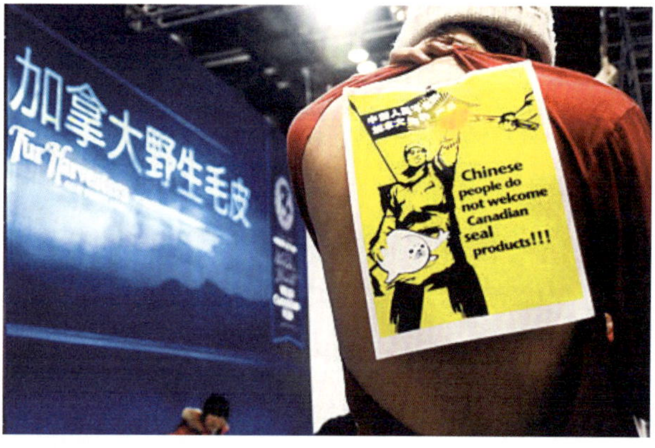

动保人解征背后挂着自己设计的海报

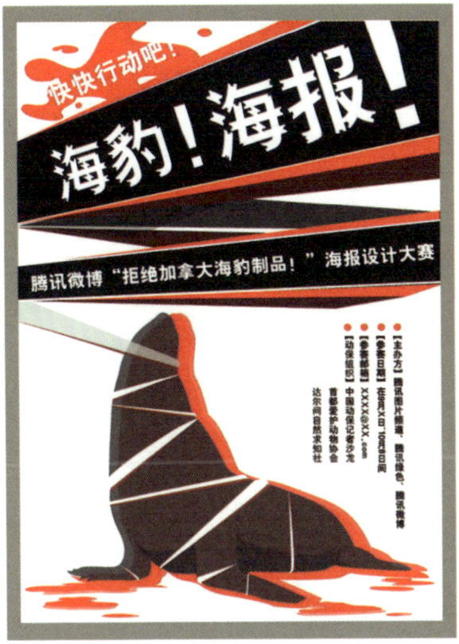

优秀海报设计作品

做出“弃用”的公开回应。加方未能如愿以偿地使海豹皮草登上春晚舞台。为此，海内外动保组织纷纷致信郭培表示感谢。

必须让更多的人了解海豹产品的真相，必须争取立法禁止进口海豹产品。春节长假后，“两会”如期而至，全国政协委员、著名作家、中国作家协会副主席张抗抗女士向大会提交《关于禁止进口加拿大海豹制品的提案》。

3 月，两场重要活动相继举办。首先登场的是“国际海豹保护日”暨《小海豹 Baby》首演会，后者是曾为《小熊》作词作曲的中央音乐学院作曲系教授张丽达的又一护生力作。因演唱《小熊》而广受赞誉的“小熊团”的孩子们扮演小海豹，猎杀者与贵妇则分别由著名主持人和流行歌曲比赛冠军饰演。这是中国第一部以反对加拿大海豹皮草为主题的迷你音乐剧。在演出现场，每位媒体记者都收到了一封由中国小动物保护协会等 50 家国内动保组织共同联署的致加拿大驻华大使的公开信。

紧随其后，中国国际商会与中国民间动保机构联合举办“关注动物保护，倡导绿色贸易——拒绝海豹产品贸易”座谈会，邀请贸易专家、企业家和动保机构代表就海豹产品在中加经贸关系中的地位、WTO 规则与动物保护的关系、中国企业海外社会责任等问题进行了研讨。

9 月，“‘海豹！海报！’海报设计大赛”拉开序幕，筛选出 60 张优秀作品，颁奖仪式暨小熊团公益演出于 11 月底在京举行……

这一年可真是中国民众拒绝海豹贸易行动年啊！

* * *

第三节 冬天已经来了，春天还会远吗？

从 2012 年年初到年底，我和多所高校学生动保骨干、当地动保志愿者们相继到青岛、上海、大连等地的几个主要国际渔业博览会上拉开横幅静默抗议加拿大对华兜售海豹制品。同时，我走进东北财经大学、山东大学、济南大学、山东艺术学院、青岛大学、青岛农业大学、苏州大学、长沙林业科技大学、上海中医药大学、华东理工大学、上海海事大学等渔博会所在地高校举办讲座，揭露海豹制品的真相，宣讲保护海豹。我们还与加方展开微博等媒体大战。

2013 年 12 月 9 日，中央电视台新闻频道新闻直播间栏目在“保护野生动物，我们在行动”的系列节目中以“加拿大海豹制品欲开拓中国市场·志愿者强烈抵制加拿大海豹制品”为题播出了中国民众几年来反对引进加海豹制品的自发行动，着重报道了志愿者在大连渔博会上的抗议诉求，指出企业在追求利润的同时应担负社会责任，

青岛农业大学讲座后合影（2013）

东北财经大学讲座后合影（2013）

加拿大渔业与海洋部女官员（中）试图阻止志愿者展示横幅（在其对面与之论战者为我，2013）

维护消费者的安全与国家形象。我在接受采访时强调的仍然是，因为我国尚未出台动保法，以加海豹制品为代表的西方残忍产品／项目久已觊觎我国这个世界最大市场。中国本无消费海豹制品的传统，也不需要培养这一非人道的新传统，对这类产品／项目打开国门是每一个中国公民绝难接受的。同时，国门一旦打开，必将有更多的小海豹幼仔惨遭虐杀剥皮，我国唯一的海豹品种——斑海豹——的命运也愈发岌岌可危。

2013年新年刚过，一个难得的佳音从海峡彼岸传来：台湾“立法部门”正式禁止了海豹制品贸易！无论是对已经进行了三年多的中国大陆抵制海豹制品贸易的行动还是每一个关心动物的人而言，这无疑都是一个振奋人心的利好消息。须知在此之前，台湾乃是亚洲第三大、世界第四大海豹制品进口地区。

冬天已经来了，春天还会远吗？乘着海峡对岸飘来的暖流，为生命护航，让海豹悠游——我们比以往任何时候都更接近这美好的愿景。

* * *

第四节 枫叶红了的时候——守卫神圣国门

加拿大驻华大使赵朴先生（Guy Saint-Jacques）喜欢红色系。喏，手机外壳是深红色的，圆珠笔是紫红色的，手表带是暗红色的，领带是豆沙色的，在白色桌布的映衬下，这些颜色很是醒目。当然，还有随处可见的红色枫叶图案。一头银发，一副细边眼镜，赵朴大使文质彬彬，风度翩翩。

2013 年 7 月 17 日，加拿大驻华大使馆阿尔文 · 汉密尔顿大厅，中国民间动物保护组织代表与加驻华大使就海豹制品贸易问题进行座谈。这是一场被加使馆官方微博称为“史无前例”的会谈 ：“加拿大驻华大使和中国 NGO 团体举行会议，讨论了加拿大的海豹捕猎。”这也是一场注定不会有结果的会谈，因为双方的立场是如此截然相反：加方玩儿了命地要把海豹制品卖给中国人，中方则寸步不让地坚决抵制，守卫神圣国门。

在与中国 NGO 代表就海豹制品贸易展开的会谈中，赵朴大使的“加拿大价值观”表露无遗：“加拿大大使馆希望中国人民能从双方了解该事件信息，并对海豹捕猎做出自己的明智决定。加方立场是：加拿大海豹行业高度规范，可持续发展，在如何猎杀海豹方面规定严格。个人有权不消费海豹产品，但不应阻止别人按自己的意愿消费海豹产品。”

我在加驻华使馆举办的海豹制品对华贸易座谈会上发言（2014）

当我发言时介绍到中国媒体对加海豹猎杀业和坚持对华销售海豹制品做了广泛与深入的报道时，所举例子之一是2010年联合国坎昆会议期间腾讯网绿色频道推出的一期非常震撼的图片特刊《生灵哀歌——海豹皮草背后的真相》，其导语这样写道："每年加拿大人都要猎杀30多万头海豹婴儿，这些海豹制品即将倾销到中国。"

2014年4月，中国动保组织代表再次应邀前往加驻华大使馆，与该国政府渔业与海洋部副部长Matthew King就海豹制品贸易议题举行会谈。我作为中国民间动保组织的代表之一表明了我们坚决反对引进任何海豹制品的严正立场。同样，双方立场分歧严重，无法达成一致。

无论是加驻华大使还是渔业海洋部副部长，都在用加拿大纳税人的钱为对华倾销海豹产品、为海豹猎杀这一夕阳产业买单。

在艰难中前行的中国动保近年来遭遇了不止一场来自异域的挑战，有那么几个早已有动物保护法的“先进国家”，不是选择用自己的经验教训帮助中国动保少走弯路，反倒是处心积虑要把本国那些见不得人的、残害动物的产品和项目倾销到中国来，钻中国尚未出台动保法的空子。始料未及的是，他们在中国遭遇了民间动保团体的强烈抵制。中国动保人不仅勇敢地迎接了挑战，而且还一举成为某些动保领域的国际领跑者。

第七章

三封远方来信——世界动保人携手拯救野生动物

国内某民间动保组织制作的海报

对于已经通过各种渠道进入中国的几内亚黑猩猩、大猩猩、日本太地町海豚，写信求助的卡尔·阿曼和“拯救海豚Misty”已收到我们的回复：中国的媒体人和动保人将和你们一道，拯救那些落难的血亲芳邻。唯有万物和谐，生生不息，才能和和美美，天下太平。

2012 年底至 2013 年初，我陆续收到三封来自国外动保人或动保机构的求助邮件，事关非洲的黑猩猩、大猩猩、大象和日本的海豚，性质相同：中国正迅速成为这些濒危野生动物交易的目的地和最大买家。

12 月 8 日收到的第一封邮件来自卡尔 · 阿曼 (Karl Ammann)——常年驻扎在非洲的瑞士籍野生动物摄影家和生物多样性保护者，他因发起非洲禁食野肉运动而著名，多年来致力于保护非洲的野生动物与土著文化。卡尔和妻子凯西生活在非洲一个野生动物的乐园里，家庭成员包括他们领养的两个黑猩猩孤儿 Mzee、Bili 和一只猎豹 Sasa，隔三差五的访客则包括大象、水牛、猴子及其他野生动物，真是个快乐的大家庭啊！难怪他对野生动物有如此之深的了解和感情，对制止与追踪野生动物贸易有如此强烈的驱动力与行动力。近来，他一直在跟踪调查从几内亚非法走私进入中国动物园和野生动物园的黑猩猩幼仔和大猩猩，因为这些被迫离乡背井、骨肉分离的人类近亲们的命运极为堪忧。他希望与中国媒体人一道努力曝光这一不光彩的交易，从而终止悲剧的再度发生。在不久的将来，一旦时机成熟，他还将亲自来华进行实地拍摄。这封信是一家国际动保组织转来的，当然同时也抄送给了他。

Kozanza（右三）和珍·古道尔孤儿黑猩猩庇护所的小伙伴们（来源：Jane Goodall Institute）

12 月 18 日收到的第二封信来自一位在日本太地町守护海豚的加拿大卫士，她是在看到我们抵制加拿大海豹制品的报道后设法联系到我的。她说，看到中国人坚定地站出来反对虐待动物，深受鼓舞。太地町在哪里？正是那部荣获 2010 年奥斯卡最佳纪录片奖的《海豚湾》的拍摄地。从每年的九月到次年的三月，极度血腥的海豚大屠杀就发生在这里，蔚蓝的海水被染成了红色。她和其他海豚卫士们在现场拍摄记录下当地人虐杀海豚、囚禁海豚并将部分海豚贩卖到各国海洋公园和水族馆的斑斑劣迹，并为此发起了一场跨国社交媒体行动“拯救海豚 Misty”(Save Misty the Dolphin)。我这才知道，大多数海豚如何在这场大屠杀中惨遭杖毙或溺死，少数幸存者则在目睹其家庭成员遇害的惨剧后，被卖给水族馆强迫进行表演，而它们多半又流向了中国。表演动物的命运有多悲惨？看似欢快的背后是一天多场、身心交瘁的重复劳作以娱乐观众，否则就要挨饿、挨

纪录片《海豚湾》(The Cove) 海报

打、挨关。她们获知最近一批被捕的太地町海豚将从日本某地被运到北京，急需了解准确的路线、承运的航空公司以及具体日期，从而制订拯救计划。“拯救海豚 Misty”希望我们——中国的动保志愿者——能与他们并肩作战。

第三封信是一家国际动保组织 1 月 8 日转来的，来自一家叫作 Wildlife Extra 的网站，主要内容是：4 头幼象被人从热带的津巴布韦贩运至气温零下的中国动物园，而其中 1 头已不幸夭折。根据其图文报道，2012 年 11 月，4 头年幼的大象从津巴布韦出口至中国。这些幼象被从万基运到哈拉雷，其间车程 12 小时，再从那里被送上阿联酋航空的飞机运到迪拜，飞行时间长达 10 小时，最后再从迪拜被空运至中国的某动物园。可怜的幼象们不仅要忍受跨洲际长途辗

幼象（来源：世界动物保护协会）

转空运加陆运的极度不适，更要经历与母象生离死别的惊恐创痛。Wildlife Extra 从津巴布韦保育特别小组 (Zimbabwe Conservation Task Force，ZCTF) 那里得知，其中两头大象被运至太原动物园，另外两头可能被运往新疆天山野生动物园。须知太原当时的气温在零下 12 度左右，而新疆则在零下 15 度以下，这些来自 30 ~ 40 度的非洲热带草原的幼象在严寒气候下能活多久？幸存几头？ 4 头幼象的总重量仅 3.9 吨，表明它们尚处于幼龄阶段。根据常识，这些幼象一定是从母象身边被生生夺走的，其整个大象家族也将因此崩解。报道进一步指出，在万基有 14 头（一说 9 头）大象被圈禁并将于当月出口至中国的两个动物园。《濒危野生动植物种国际贸易公约》(CITES) 秘书处 1 月 11 日就此发表公开声明，称正在与中国和津巴布韦的 CITES 办公室进行沟通调查。

三封信，涉及百十来个生灵。现行的《中华人民共和国陆生野生动物保护实施条例》进一步扩大了对野生动物驯养、繁殖、利用的范围，为大规模商业化利用野生动物打开了合法性的大门，致使各地动物园、野生动物园等相关机构大量进口野生动物以牟利。不仅中国本土的野生动物难以幸免，就连千里万里之外的黑猩猩、大猩猩、大象、海豚也成了“合法利用”幌子下的牺牲品。

中国动物园观察、中国动保记者沙龙等民间动保机构就津巴布韦从野外捕获幼象贩运至中国一事联名致信该国环境与自然资源管理部部长 Nhema，表达对动物福利和野生动物保育的关切与忧虑，希望部长大人立即采取行动阻止濒危非洲野生动物的盗猎与贸易，并表示愿与津巴布韦的保护组织合作，对这些已在中国的幼象进行康复训练并尽早放归野外，尽量使已经对它们造成的伤害降到最小。

2 月初，由谢罗便臣引荐的 David Barritt 代表 Network for Animals（动物网）来华呼吁中国停止进口非洲尤其是津巴布韦幼象，他希望能与中国本土的 NGO 携手并行，结果就是一份 David Barritt 和我所代表的中国民间动保组织合作起草的《关于停止进口幼年非洲象的建议》。我前往“两会”代表驻地拜访了全国人大代表明海法师，法师认真听取了背景介绍，仔细阅读了长长的附件，然后将建议提交给大会，媒体随即就该建议对他进行了采访报道。

对于已经通过各种渠道进入中国的几内亚黑猩猩、大猩猩、日本太地町海豚，写信求助的卡尔 · 阿曼和“拯救海豚 Misty”已收到我们的回复：中国的媒体人和动保人将和你们一道，拯救那些落难的血亲芳邻。唯有万物和谐，生生不息，才能和和美美，天下太平。

最新佳音：CITES 禁止非洲幼象出口至海外动物园及马戏团！2019 年 8 月 27 日，在瑞士举行的《濒危野生动植物种国际贸易公约》第 18 届缔约国大会上，缔约方各国代表投票决议通过提案，禁止津巴布韦、博茨瓦纳、南非和纳米比亚四国捕捉野外非洲幼象，出口至海外动物园、马戏团以及其他娱乐场所。

这一提案以 87 票赞成、29 票反对和 25 票弃权，得到所需的 2/3 多数票，从而获得通过。这一历史性的决议意味着，野外非洲幼象将远离被捕获、长途运输、圈养、残酷受训以娱乐游客的悲惨命运。这也表明，只有在其自然分布范围内的野外就地保护区，才是这些野外大象“适合且可接受”的容身之所。

第八章

英伦动保前辈与美国动保讲座

2012 年采访辛格教授后在北京西单的一个四合院里合影（左起：山东大学副教授郭鹏、辛格夫人、彼得·辛格、我）

生而自由，爱而无畏，故事背后的故事也许更令人唏嘘。该书出版后，乔伊·亚当森与丈夫乔治·亚当森创办了“爱尔莎野生动物协会”，毕生留在肯尼亚，致力于野生动物保护。1980 年和 1989 年，亚当森夫妇二人先后在当地遇害，为野生动物保护事业付出了生命的代价。他们的遭遇正好印证了乔伊·亚当森生前的一句话：“最可怕的不是猛兽，而是人。”

* * *

第一节 怀着改善世界的决心走进这个世界

在对外动保交流中，于我，至少有两位前辈和一次讲座是难忘的。

乔伊斯·德席尔瓦（Joyce D'Silva）女士是一位备受尊敬的英国动保前辈，首访伦敦的我自不能放过拜访与采访她的机会。2016年11月22日，我在威斯敏斯特中央大厅参会，只得辛苦这位长者前来咖啡厅见面。

乔伊斯曾长年（1991—2005）担任世界农场动物福利协会（Compassion in World Farming，CIWF）的CEO，在全球范围内为农场动物（又称经济动物、农耕动物、家畜、农畜）谋福利逾30载，勉力推动了欧盟在法律上认可动物的感知力(animal sentience)，提高农场动物的生存质量，出版过数本关于动物福利、减少肉食、vegan（纯素）生活方式的著作，现任CIWF大使。

生活中总有些决定性的时刻，对乔伊斯而言，当年参观那家养鸡场就是这样一个时刻：

乔伊斯与我（2016，伦敦）

每周，养鸡场的屠宰场都要“加工”成千上万只鸡，供给超市。这些鸡中的绝大部分都被养在巨大的鸡舍里，一个鸡舍至少能塞进2万多只鸡。这些鸡都是经过速生选育的，生长速度惊人，从出生到超市，一只鸡的生命周期短至仅仅六周（现已缩短到五周）。由于其非正常的速生，许多鸡都要遭受跛足之苦。

但该公司经理十分热心地带我参观了他们新建成的散养和有机鸡场，条件比前者要好太多了。我问他：“你为什么要选择走有机放养鸡只之路？”当时，我想他多半会说因为“市场趋势，在竞争中取胜”或类似的回答，但他说的却是：“我希望能告诉我的孩子们我是干什么的。”

“我希望能告诉我的孩子们我是干什么的”——当你在选择任何

乔伊斯获颁温彻斯特大学名誉博士学位（左起：校长 Alan Titchmarsh、世界农场动物福利协会 CEO Philip Lymbery、乔伊斯、Joy Carter 教授、副校长）（来源：世界农场动物福利协会）

一个职业时，这真是一个好标准。

2015 年 10 月 21 日，在英国温彻斯特大学授予乔伊斯名誉博士学位的仪式上，安德鲁· 奈特（Andrew Knight）教授开场这样介绍道："你会在不经意间遇到这样一位斗士，心怀大爱、坚定执着地去改变周遭，对世界带来极其深远的影响。"

"怀着慈悲、勇气与好奇心，以及无比坚定的改善世界的决心，走出去，走进这个世界。"乔伊· 卡特（Joy Carter）教授在授予词中如此赞叹乔伊斯。

乔伊斯用数十年如一日的奉献与成就证明自己当之无愧。

辛格教授在清华大学演讲（2012）

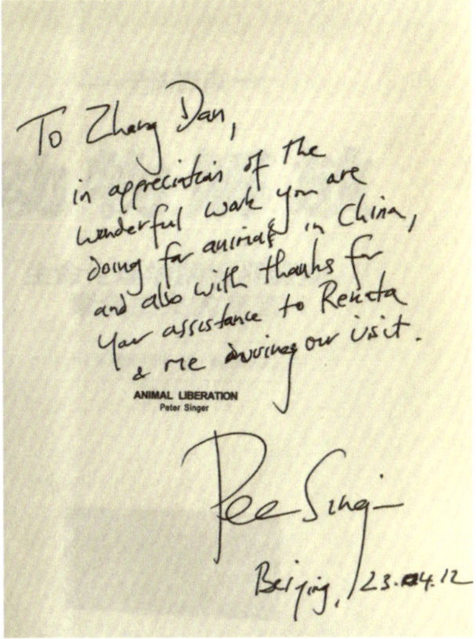

辛格教授在中文版《动物解放》上为我题写赠言

一个不争的事实是，与伴侣动物、野生动物、表演 / 展览动物、工作动物乃至实验动物等类别的动物相比，数量最为庞大、每时每刻都在被人类吃、穿、用着的农场动物经常被遗忘被漠视。莫说普通人群，即使在动保人中，关心农场动物命运的人也不在多数。

彼得· 辛格对此的回答是："应该把关怀扩展到所有的动物。我个人更关注农场动物，因为这是被虐待虐杀数量最大的动物，每天被杀被吃的不计其数。随着工作的开展和真相的揭示，很多人会慢慢变成素食者的。"

彼得· 辛格 (Peter Singer) 是美国普林斯顿大学人类价值中心教授，多年来一直致力于动物保护和动物伦理的研究，是在全球最先产生广泛影响的动物权利理论的捍卫者之一。他最知名的著作《动物解放》一书自 1975 年出版以来，已被译为 20 多种文字，在几十个国家出版，英文版的重版更是多达 26 次，被誉为“动物解放运动的圣经”。我在其 2012 年首次访华时曾当面感谢他说，此书坚定了我作为素食者的决心，加快了我成为纯素食者的进程。

* * *

第二节　从电影明星到野生动物保护活动家

2016 年 11 月 24 日，我与几位好友来到伦敦著名的松林电影制片厂（Pinewood Studios），出席谢罗便臣纪录片首映式。在片中出镜并到场支持的一位重量级人士弗吉妮亚·麦克纳（Virginia McKenna）85 岁高龄，有三个闻名于世的身份，一是英国电影明星，二是野生动物保护活动家，三是作家。

先从一本名叫《生而自由——野生母狮爱尔莎传奇》（*Born Free*）的书说起，该书讲述的是一个感动与震撼了数千万人心灵的人与动物的真实故事。在非洲的原始荒原上，一头失去了母亲的小狮子忽然闯入了作者乔伊·亚当森的生命。自此，小狮子爱尔莎成了作者生活中的一部分，她们同吃、同住、同玩，同在非洲荒原的荆棘丛和高山的大森林中漫步徜徉，形同母女又似朋友，由此结下了深厚的感情……爱尔莎到了自立的年龄，作者决定让它重返大自然，于是对它进行了野化训练；通过多次努力，终于使之回归了大自然。本书一经出版立即成为国际畅销书，被翻译成至少 35 种语言，总销量达千万册以上。书中大部分故事发生的地点现已被开辟为肯尼亚梅鲁国家公园，其中建有爱尔莎纪念园。

生而自由，爱而无畏，故事背后的故事也许更令人唏嘘。该书出版后，乔伊·亚当森与丈夫乔治·亚当森创办了“爱尔莎野生动物

影片《生而自由》海报

年轻时的弗吉妮亚

影片《生而自由》剧照

协会”，毕生留在肯尼亚，致力于野生动物保护。1980 年和 1989 年，亚当森夫妇二人先后在当地遇害，为野生动物保护事业付出了生命的代价。他们的遭遇正好印证了乔伊·亚当森生前的一句话：“最可怕的不是猛兽，而是人。”

1966 年，《生而自由》被搬上银幕，饰演亚当森夫妇的是一对英国电影明星夫妇弗吉妮亚·麦克纳与比尔·特拉弗斯（Bill Travers）。在全片的拍摄过程中，乔治·亚当森本人始终在现场担任顾问。影片一经公映便在全球范围内成为票房冠军。这次拍摄、这部影片对弗吉妮亚夫妇的影响是如此之深，以至于他们的多部后续影片主题均与野生动物保护有关。两人加入亚当森夫妇的行列，并在伦敦创建国际野生动物慈善机构“生而自由基金会”（Born Free Foundation，BFF）。该基金会积极推进动物保护和福利，在全球范围内采取措施保护濒危物种，减少动物所遭受的痛苦，在世界野生动物保护事业中发挥着重要作用，在中国也有重要项目。

这部影片改变了弗吉妮亚夫妇的人生轨迹。2004 年，因对野生

弗吉妮亚和我在谢罗便臣纪录片首映式上（2016）

动物保护与动物福利所做出的贡献，英女王授予弗吉妮亚英帝国官佐勋衔（即 OBE，英国授予在某一领域有特殊贡献者的勋章）。弗吉妮亚在授勋仪式上说：“我和我已故丈夫比尔给这个世界带来了些许不同，这一事实对我们而言非常重要。”

与此同时，她也是亚洲动物基金创办者谢罗便臣从小到大的偶像，是拯救月熊事业坚定的支持者。早在 2015 年我采访谢罗便臣时，她便力荐我一定要采访弗吉妮亚。当我在纪录片首映式上试探着提出采访邀约时，弗吉妮亚笑容可掬地一口答应了，还高兴地举着我送她的圆领衫与我合影留念。

穆润陶与我在讲座前（2017）

* * *

第三节 大学之道在明明德

应美国明德大学（Middlebury College）中文系与东亚研究中心之邀，我于 2017 年 3 月 21 日在该校国际研究中心举办了一场题为“一猫一世界，万物生光辉”的讲座。

私立大学明德创校于 1800 年，是全美顶级的文理学院之一、全美最古老的高等学府之一，位于美国最美山谷之一的佛蒙特州明德镇。明德学术声誉卓著，外文、国际研究和环境科学教育最为知名。其校名的中译名取意于《大学》——“大学之道，在明明德”，校训为“知识与美德”（拉丁文 Scientia et Virtus）。

明德大学中文系是全美顶级的中文系之一，系主任穆润陶

穆教授一家三口

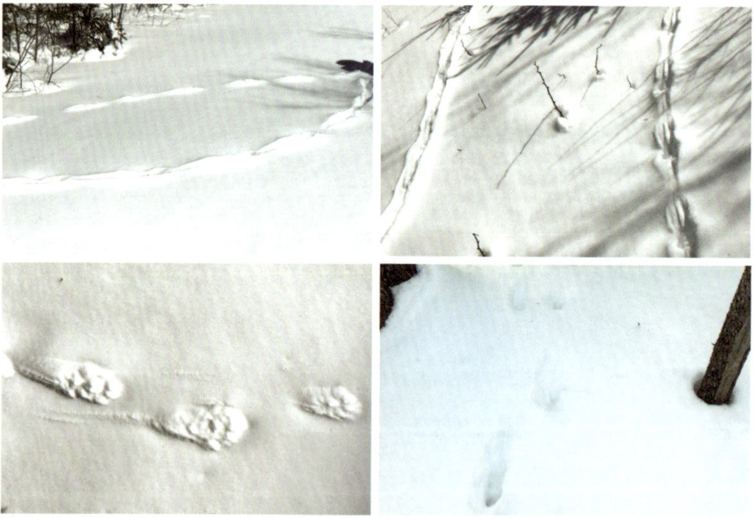

在穆家森林里踏雪而行时拍到的山猫（左下）等野生动物足迹

明德大学讲座后与学生们合影

(Thomas E. Moran) 教授是研究中国现当代文学的著名汉学家。五年前的那个夏天，与我并不相识的他在北京西单图书大厦偶然购得一本由我主编的《动物记》，阅毕很是欣喜，回国后推荐给他的得意门生康叶梅(Amanda Kaminsky)。康同学在穆教授的指导下，以此书为基础撰写出毕业论文《中国当代文学中的动物描述》(*Representations of Animals in Contemporary Chinese Essays*)。为写好这篇长达 67 页的论文，康同学除认真研读该书中的作品外，还悉心研究了丰子恺、弘一大师、《护生画集》和佛学。穆教授的一个倡导以“观鸟于自然”代替“关鸟于笼中”的朋友正好认识我，于是告诉了我上面的故事。这对师生的治学态度之严谨、中文程度之高超给我留下了深刻印象，当然我也觉得十分荣幸，遂将有关内容写进了《那些刻在我们心上的爪印》一书。穆教授还请这位朋友安排了我们的会面。自此，我与穆教授每年在京一会，邮件往来不断。后来，他请我去明德做一次讲演并最终确定了时间。

穆教授请我分享作为一个动物权利倡导者的工作以及我的佛教信仰对动保工作所发挥的作用。他相信，我个人十几年来的经历其实也就是中国动保发展历程与现状的一个缩影；同时，作为一个佛教徒，选择动保和素食的生活方式，自然也反映出包括佛教在内的中国优秀传统护生文化中的动物观。

在开场致辞时，除了介绍我以及这场讲演的来龙去脉，穆教授还不忘告诉大家，我一到这里便跟他深入林海雪原并捕捉到多种动物的足迹，其中包括稀有的山猫足迹。他相信这都是因为我与动物因缘深厚。

在讲座后的互动环节，师生们对中国的动保现状兴趣浓厚，所提问题从中国动物保护立法的难点到中国动保群体的构成。他们请我多介绍一些民国时期“中国动物保护会”创办人吕碧城女士的护生理念，并请我重复一遍厦门五年级小学生刘赫有关世界动物日来历的那句话：

“因为人和动物是好朋友！因为我们人欠动物太多了！”

诚哉斯言，大道至简。

第九章

永恒之女性，引吾等向上

丰子恺先生幼女丰一吟阿姨与我（2017，上海）

动保人绝大多数都是女性，而且多半是已经不那么年轻了的女性。为什么会是这样？

我在朱天心女士那里找到了答案：“当社会价值溃散时，女性更有韧性”，她们仍然坚持“做该做的事”。

* * *

第一节 吕碧城——近代中国动物保护先驱

吕碧城 (1883—1943) 何许人也?

与秋瑾被并称为“女子双侠”，被赞为“近三百年来最后一位女词人”，曾任总统府机要秘书（后因袁世凯蓄谋称帝愤而辞职），中国女子教育先驱，中国新闻史上第一位女编辑，中国第一位女性撰稿人……“惊才绝艳”，“风致娟然”，“人中之凤”，一时间，“绛帷独拥人争羡，到处咸推吕碧城”。

作为“民国第一奇女子”，在我看来，她最特别、最值得后人铭记的是这一身份:“近代中国动物保护之先驱”，“中国第一位动物保护主义者”。

二十世纪初，强国梦破灭后的吕碧城经商成功，游历欧美各国多年。归国后，博采广纳动物保护主义等西方平等观念，融合中国古代同情万物的精神气质，加之皈依佛门，她构建起以“护生”为核心的动物保护理念，成为近代中国动物保护第一人。1928 年，她应邀在奥地利维也纳召开的“万国保护动物大会”上发表题为“废屠”的英文演讲，反响强烈，被英刊称为“一个著名的中国诗人、

吕碧城

一个知识广博的人道主义者、一个典型的素食主义者”。从此，她致力于“护生”思想的传播和动物保护运动，在《大公报》上撰文并出版著作《欧美之光》，到各处发表演讲，广为宣传其保护动物理念，弘扬人道主义精神。1933 年，她发起成立“中国保护动物会”，提倡戒杀、护生、素食，反虐待动物与动物活体实验，希望探索出无痛屠兽之“最新文明法”，使该会成为沟通东西方动物保护运动的桥梁。

1935 年 10 月 4 日“世界动物节”（World Animal Day，今名“世界动物日”），中国保护动物会在沪举行护生宣传大会，呼吁人人“要本着万物一体的心理，随时随地爱护动物，切不可随意有虐待和残杀的举动，这样才能表现出我们人类的仁爱思想，也是恢复吾国固有美德的新生活。从今天起，要请诸位千万不要忘记了这个动物节的意义”。“10 月 4 日是一年一度的世界动物节。讲到动物的生存，

在万国保护动物大会演说时之着装

在《大公报》上撰文传播护生思想与动保意识

原是和我们人类一样的，不过人类却往往仗着智能和力量优胜，把弱小的动物来宰割、杀食，而造成了人类和平理性上一个残暴的污点，所以我国在数千年前，早有许多圣哲贤人提倡着仁民爱物思想去教民为善。”尤其值得一提的是，该会并呈准行政院内政部通令，全国各省市县于 10 月 4 日停止屠宰一天。

这是我迄今为止看到的中国纪念与庆祝世界动物日的最早记录。作为今之世界动物日中国大使，与有荣焉，备受激励。每逢此日，世界各国皆以多种形式加以纪念，但竟能做到以“禁屠”以资庆祝的，只此一例，空前绝后，永垂史册。

关爱动物绝非 21 世纪才有的新观念，更非西方的舶来品。在吕碧城之前，已有清代翰林徐谦将散见于各种典籍中的“物类之懿德懿行”辑为一书——《物犹如此》(动物尚且如此)，讴歌动物的人性光辉。该书将动物互助友爱、知恩图报、聪明机警的诸多感人事例，按孝友、忠义、贞烈、慈爱、恤孤、眷旧、践信、守廉、翼善、救难、酬德、雪冤、知几、通慧的类别分为 14 章，逐一加以点评、诗赞。此书宗旨与吕碧城的护生思想前后呼应，一脉相承。

“我到人间只此回”“绝不负天下动物”的这位民初巾帼英雄，其遗命也令我动容：

“不留尸骨，火化成灰后将骨灰和面为丸，抛入大海，供鱼吞食。”

其全部遗产皆布施于佛寺。

* * *

第二节 马欣来——一个奉献者的生命乐章

“只要上天还需要我照顾这些无助的小生命，那就意味着我使命未了，还须苟延残喘，继续当好铲屎官和仆人；若有朝一日觉得有人照顾它们比我照顾得更好，那我就尽可以解甲归田去也。”

2017 年 10 月 26 日 15 时 40 分，马欣来在棋子儿等心爱的猫儿们和狗儿乐乐的依偎环绕下与世长辞。她生前常说的这番话始终在我脑海里萦绕，连同那温柔而坚定的音容笑貌。

关于马欣来，关于著名剧作家、戏曲理论家马少波先生眼中“颖秀天然重德馨”的这位幼女，才貌双全，品业俱佳，16 岁时就曾因所撰一文而为红学家冯其庸先生激赏。在短短 18 年的职业生涯中，她先后担任过中华书局编辑、现代出版社总编辑、中国书籍出版社总编辑、国务院古籍整理出版规划小组编委、大中华文库编委等要职，为我国的出版事业做出了杰出贡献；同时她笔耕不辍，著有关于孔子、关汉卿、王维、台湾文化等多部学术作品。

遥想当年，我们作为同窗学友一起度过了未名湖畔的四年时光，尽管并未过从甚密；多年后，动物为媒，同窗情升华为战友情，携手并肩护生护心，十年如一日。我们一起救动物，一起爱动物，一起

少女时代

父女情深

哭，一起笑。在近 4000 个日子里，生命交集，心心相印。

被遗弃的脑萎缩患儿葫芦、饱读诗书的柳德米拉、亲善大使棋子儿、神仙眷侣芸豆与美美、自己坐电梯送上门来的元元（她家高居 19 层且楼道曲折幽暗）……每天，她都要千方百计地给每只猫和狗留出一段独处时间，抱抱它们，亲亲它们，告诉它们："你们是最棒的，我好爱好爱你们。"她坚信，它们什么都听得懂，只是不会说人类的语言罢了，或者说自诩为万物之灵长的我们人类这种动物不会说其他动物的语言吧。遇有手术等重大决定，她一定会平等地跟它们商量决定，从不居高临下地越俎代庖或擅自做主。这样做的结果是，很多老弱病残竟都神奇地焕发了生机，这是慈悲与爱的奇迹。

华灯初上，猫约黄昏。这个小区每晚都有这样一道奇特的风景：一位身材修长、面容清秀、挽着发髻、身着印花蓝或豆沙绿中式对襟布衣、黑色长布裙、黑色布鞋的女子出现在 15 号楼前，宛如从乱世中步出的一位端庄仕女。只见她手拉一便携帆布购物车，里面装满了猫粮、罐头和一大瓶清水，入冬后还会有若干个一次性取暖片"暖宝宝"（放入她搭建的简易猫窝的棉垫下面），开始她每日例行的巡回喂猫之旅。

十几个喂猫点她不知已走过多少遍。每到一处，猫儿们远远望见她，或跑过来或跳下来或钻出来，喵喵叫着围在她身旁蹭来蹭去，尽情享受着她的温言细语与百般爱抚。"乖孩子们，快来吃饭饭啦，多吃点儿，吃饱饱啊！"有几个喂猫点在居民私建乱搭的违章建筑顶棚上，于猫而言那些地方相对安全。她手里端着食盘与水盆，左登右攀，熟练地爬上去，吃力地踮起脚尖、伸长手臂，奋力地递将上去，再把空盘空盆取下来带回家洗净备用。

几次全程跟随并拍下她与流浪猫狗温馨互动的画面后，我深感

欣来与动物

这哪里是简单的喂猫啊，这简直是一场神圣而隆重的护生仪式！

当年既是“因病辞职”，欣来的身体自是我最最关心的。“我的病，我知道，医生治不了，我自己治，自己调，不浪费任何医疗资源，活一天赚一天。乐乐还没完全治好，花椒等三个猫娃还在住院，我一时还不能死呢。”哎，这就是她啊。健康诚可贵，性命价更高；若为护生故，两者皆可抛。

2017 年 10 月 19 日午后，她突然晕倒在地，摔伤了左眼骨与颧骨。虽非首次晕厥，但此次来势格外凶险。于是，她紧急约见我，面交遗嘱。值此紧要关头，她一心所系所念的却全都是她最放不下的猫狗，为此特做如下安排，令我充分意识到了事情的严重性：

她所收养的 30 多只猫儿中，十几只健康可爱的小猫和少壮猫儿日前已陆续通过与她合作多年的动物医院找到了新家（一家领养一只）；剩下的 15 只均属老弱病残或问题猫儿，一概委托我来

欣来每天雷打不动定时定点给流浪猫送食送水

照顾。

短短 6 天后，欣来走了！

27 日至 29 日，我和我的动保战友王寅、张辉连续三次前往欣来家，费尽周折，实现了欣来“以最快速度接走所有猫儿”的遗愿。在 30 日上午的遗体告别仪式现场，我们在欣来遗体前发誓：“一路走好，遗孤有我！”

遗体告别仪式后，欣来亲属代表和包括我在内的同学代表又护送遗体前往北京市红十字会首都医科大学北京市志愿捐献遗体登记接受站。早在 2004 年，欣来便在北京红十字会正式办理了眼角膜等整个遗体的无偿捐献手续，申请编号为“392”。她生前总不忘随身携带该证，给我的遗嘱中也有一份复印件。

她心里有人、有猫、有狗、有天地万物，唯独没有她自己。

除了救助危难中的动物，欣来还常年资助孤寡老人与失学儿童。在她眼里，他们与流浪动物一样，都是这个社会最弱势、最急需帮扶的群体。

一根蜡烛两头燃，烧尽自己，照亮众生。惟德动天，无远弗届。

第十章

我的动保战友们

国际海豹保护日暨小海豹 Baby 世界首演会上参会嘉宾合影（2011，北京）

“奉献者的人生兼济如天，坦荡如地，辉煌如日，明媚如月，巍然如山，浩瀚如海，超越个人的极限，而奏出华美和谐深沉绚烂的生命乐章！”

* * *

第一节 金椒妈——身在海外心系神州的动物守护神

在中国动物保护公益事业的艰难进程中，不仅有奋战在第一线的国内动保志愿者们，以“金椒妈”（因其最早救助的流浪猫金卡与椒椒而得名）为代表的海外赤子也是一股不容忽视的重要力量。远隔重洋，她永远雪中送炭，竭尽全力提供国内志愿者急需的支持和帮助，受助者无不深受感动和鼓舞。在我眼里，她就是一座正能量发电站和动保永动机。

“凡是爱护动物的人一定是好人，”金椒妈对此坚信不疑，“对动物好的人对人一定也好。”“爱护动物”或“动物保护”的出发点，是把动物——所有的动物——当作值得人类尊敬与善待的平等生命体。

为更好地帮助国内动保志愿者救助动物，金椒妈联合像她一样身在海外心系神州的爱心人士发起了“海外侨胞关爱动物联盟”，并成立了纯属她个人的“金椒动物救助基金”。生活在新西兰奥克兰的她，每次回国省亲都以一次次的动物救助行动为始终，走到哪儿就救助动物到哪儿，宣传爱护动物到哪儿。

全力以赴支持国内救助者开展 TNR 项目始终是金椒妈的聚焦点，是她眼里的重中之重。迄今为止，金椒妈已捐赠数千个先进人道诱捕笼用以捕捉流浪猫犬绝育。

不得不隆重介绍金椒妈背后的支持者——“金椒爸”高唯教授。这是一位具有崇高国际声誉的华人科学家，其研究涵盖纳米材料、薄膜及表面涂层材料等一系列尖端科技，在材料科学与工程学领域的研究成果为新西兰和其他国家应对当前能源、环境、工业、技术等方面的诸多严峻挑战提供了重大帮助。他是奥克兰大学工程学院教授、新西兰皇家科学院院士、新西兰工程科学院院士，2016 年新西兰国家荣誉勋章获得者。他也是中国国务院侨务办公室海外专家咨询委员会委员。2019 年 10 月 1 日，作为新西兰华侨华人的杰出代表，“金椒爸”应邀来京参加中华人民共和国成立 70 周年庆祝大会暨阅兵式和群众游行。

在金椒妈的影响下，金椒爸如今成为著名的动保“家属”和支持者，利用一切可能的机会为中国动物立法呼吁。要知道，金椒爸也经历了一番转变。十年前，他曾问金椒妈：你这样白天黑夜地救猫救狗要救到哪天为止呢？

金椒妈答：救到我生命的最后一天。

他凝视金椒妈良久，默然无语，只将金椒妈收养的第八只流浪猫“黑背”温柔地抱在怀中。这个问题从此再未被提起。

金椒妈和金椒爸，实在是一对惠及动物与人的慈悲眷侣啊！

每当家中来客，金椒妈都会借机“大肆科普”科学救助流浪猫狗常识。一次，他们伉俪在奥克兰家中宴请西南交大工程学院院长。不仅远未酒过三巡，就是茶也才喝了一杯，金椒爸一看，金椒妈已经迫不及待了，于是赶紧宣布：“开始了！”金椒妈遂开始激情澎湃地“演讲”动物保护的重要性，并将自己设计印制的文图资料交给

金椒妈在成都一公园里用黑色诱捕笼“抓猫”成功，即将把猫儿转入蓝色猫箱中送往动物医院绝育（2018）

金椒爸与张家三脚飞猫 Lucky99（2016）

院长。院长答应回国后会向师生、邻居、亲友积极宣传介绍，了解校园与小区的流浪猫狗情况，如有长期喂养它们的志愿者，劝请其尽快为流浪猫狗绝育，如需用以抓捕流浪猫狗绝育的先进人道工具，请其与金椒妈联系获捐事宜。尽管采购、做饭、收拾要花去她至少一整天的时间，但只要来宾听进去哪怕一句话，世上从此多了一个善待动物的人，金椒妈就认为“值了”。

11 年来，每次回国，金椒妈都充分利用在家乡成都小住的 10 天左右时间为流浪猫绝育。仅仅在她妹妹家的小区，就先后为 60 多只流浪猫进行了绝育，使小区的流浪猫数量得到有效控制，形成良性循环。绝育过的健康猫儿们天天到她妹妹家庭院中的凉亭里吃饭、饮水、休憩，好一幅温馨的人猫共乐图。在她的耳濡目染之下，原本过着优裕清闲经商生活的妹妹、妹夫也成了义工，家里平添了好几位新成员——“白狼”“小黑”等被原主人遗弃的猫儿。

这一次，她陪同应邀回国讲学的金椒爸一起飞到杭州，金椒爸专心授课，而她则马不停蹄地飞到成都。“人家去公园都是为了喝茶、打牌、下棋、跳舞、赏花，咱们倒好，以‘抓猫’为乐，呵呵！”金椒妈的玩笑话里浸透了她对流浪天使们的深切关怀及对 TNR 的无比重视。

这是我第一次与金椒妈在北京以外的地方见面。在成都短短的 30 多个小时里，我与她朝夕相处，彼此皆珍惜如此难得的良机。我们畅聊动保，与当地动保人餐叙，我在四川大学与成都电子科技大学的两场讲座均请她作为嘉宾出席，与学子们分享其心路历程。

做动保的最大好处之一，就是能结交一批全国各地乃至世界各地志同道合的战友。每天，一打开微信、微博、邮件等，看到的都是各地战友在行动的消息。绝望与希望、现实与未来……谱成了一支五味杂陈的交响曲。

* * *

第二节 萧冰——坚信教育的力量

在我的众多战友中，萧冰先生堪称特殊的一位，专职从事动保教育，全国就这么一位。

2018 年 4 月 10 日，雨霏霏、人断魂的清明节渐行渐远之际，在中国动保公益界享有崇高声誉的萧冰先生与世长辞。一颗璀璨的明星被上天召回了。

仿佛就在昨天，我发微信恭喜他已届知天命之年。萧冰的“天命”，毫无疑问，就是坚信教育的力量——爱护动物教育，关怀生命教育。他是国内唯一一家专业动保教育机构“厦门市爱护动物教育协会”的主要发起人与负责人，从而立到知天命，投身动保教育 20 余年。其影响是，厦门中小学在这一领域里昂首走在全国的前列，他自己也因此获得国际国内数项殊荣。

萧冰相信，人之初，性本善，惜物命，爱众生——经由一棵树、一朵云、一个灵魂的推动与唤醒，爱之教育是可以达成的。事实也证明了这一点。

2015 年 10 月，萧冰安排正在厦门出差的我为滨北小学动保团体“小海豚小分队”的同学们举办动物保护讲座。当我问到“有谁知道世界动物日的来历”时，一个叫刘赫的五年级的男孩抢答道：

“是很久很久以前一个外国的叔叔发起的。”

“那个叔叔为什么要发起这么一个纪念日呢？”我又问。

“因为他觉得……因为人和动物是好朋友，因为我们人欠动物太多了！”

“必须为刘赫小朋友的这个答案拍案叫绝！”我在当晚的日记中写道。“萧冰先生及协会八年来坚持不懈的爱护动物教育已在这座海

与萧冰先生的最后一张合影（2015 年 10 月，厦门）

滨城市的多所中小学结出了果实。正因为有小分队和刘赫这样的孩子，让我们有理由对未来充满信心。想改变一个成人的世界观、价值观难于上青天。动物保护必须从小抓起、从孩子抓起。只有将关爱动物、尊重生命的细胞从小植入到孩子们的体内和心中，才有可能指望当他们这一代人成长起来后，会与他们的前辈、前前辈不同，会成为傲立于世界民族之林的新一代中国人。"

刘赫的回答在大洋彼岸的名校学子中同样引起了共鸣。2017 年 3 月，我在美国明德大学的讲座中引述了这个中国孩子有关世界动物日来历的话，钱景文（Dylan Quenneville）等几位中文系的美国大学生在互动环节请我重复一遍，并一字一句地记了下来。萧冰得知后十分开心："衷心感谢您对刘赫与本会的介绍，看来爱心的确无国界啊！"

与萧冰相识多年，不时在各地举办的各种动保活动上碰面，却鲜有促膝长谈的机会。厦门那次见面机会难得，他骑着电动车、背着黑挎包而来——此乃其标配，十月的鹭岛见证了他业已取得的骄人佳绩与无所不在的困扰煎熬。

萧冰先生还曾专程光临我们张家猫窝看望毛孩儿们，受到热烈欢迎。事后他写道："两次到张丹老师家拜访，最难忘的是 Lucky99 竟都主动亲吻了我，之前只有我们家猫狗才这样待我。"

这是萧冰先生发给我的最后一条微信："今天下午，滨北小学动保老师给小海豚小分队的孩子们播放了您采访刘亚洲将军的视频'狗年说狗'并分组讨论。刘将军是我最尊敬的我军高级将领，他在采访中说得太好了：'我们不保护动物，最后保护不了的是我们人类自己。关爱生命善待动物，善待动物就是善待我们人类自己。'非常感谢您的分享！"时间是 2018 年 3 月 14 日下午，同时附上了几张孩子们聚精会神观看视频和热烈讨论的图片。

事后我才知道，当时他并不在现场，那是他从病榻上发来的。

不胜痛心之余，不禁想到这样一个日益突出的问题：关爱与救助动物的我们也亟需关爱与救助我们自己。"奉献者的人生兼济如天，坦荡如地，辉煌如日，明媚如月，巍然如山，浩瀚如海，超越个人的极限，而奏出华美和谐深沉绚烂的生命乐章！"马欣来女士在生命的最后一刻如此写道。这同样适用于萧冰先生的一生。

2017 年仙逝的著名美国哲学家与世界动物权利运动先驱汤姆·雷根教授（Tom Regan）的愿景是，通过他和大家的共同努力，把他的国家乃至整个世界变成动物的安全天堂，一个它们终将得到尊重与自由之所在。我相信，这也同样是萧冰的遗愿。只有当动保立法、动物解放、牢笼打开的一刻到来时，萧冰才会确信自己看到了全世界的爱和善意，因而含笑不语。

* * *

第三节 拿什么拯救你——我的流浪天使们？

2018 年 11 月，“海外侨胞关爱动物联盟”与“金椒动物救助基金”创办人金椒妈从奥克兰回到故乡成都，在几大公园为流浪猫实施 TNR，邀我相会于蓉城。高校动保联盟负责人周小波借机为我在四川大学与成都电子科技大学安排了两场动保讲座。不仅在蓉动保人踊跃接受金椒妈的餐叙邀请并与她和我同赴川大与电子科大的讲座现场，更有几位资深救助者专程远道从广元与重庆而来：杜玉凤、文军红、张英、陈军。

在成都电子科大的动保讲座后，我与学子和动保战友合影（右起：杨玲、文军红、果果妈、杜玉凤、陈运莲、金椒妈、我、陈军、张英、周小波；其余均为该校学生）

四川大学讲座后合影

成都电子科技大学讲座现场

第五届全国大学生动保营开幕合影

周小波是全程参加聚会和讲座的唯一男性。这个创业中的年轻帅哥还在青岛求学期间就发起成立了“中国青年动物保护联盟”（现更名为“高校动保联盟”），我们在多个动保项目中均有合作。多年前，清华大学蒋劲松副教授、周小波和我还一起创办了“动保网”。迄今为止，动保网已连续举办了七届全国大学生动保夏令营与冬令营，探索青年动保人才培养的新模式。青年是动保的未来，希望“联盟”团结莘莘学子加入到保护动物的行列中来，以富有成效和激情的实际行动为环境、动物及社区带来积极的改变。

陈运莲与汶川地震中被抛弃的狗儿

陈明才与“花猪”——为过世主人守家门一年遇震灾仍不离不弃的忠犬

动保人绝大多数都是女性，而且多半是已经不那么年轻了的女性。为什么会是这样？我在一位台湾著名作家与动保志士那里找到了答案：“当社会价值溃散时，女性更有韧性”，她们仍然坚持“做该做的事”。

“从来不缺爱猫爱狗的人，缺的是那颗从一而终的心和对生命的尊重。如果能有个家，哪个生命愿意流浪？愿世间，从此，再无流浪！”

上面的文字来自《爱有多难？110 亩小山坡，5000 多只流浪动物，还有 23 年……》一文，这篇文章使更多人了解成都“爱之家”动物救助中心创办人陈运莲阿姨和陈阿姨们的丰功伟绩与艰苦卓绝。目前生活在“爱之家”的有 5000 多只流浪狗和 300 多只流浪猫。

为救助流浪动物，陈阿姨卖车卖房倾其所有。她在微信里对我说：“我最大的心愿就是让我所救助的猫猫狗狗都幸福快乐！我会尽一切努力做好！现在我最大的苦恼是，志愿者也好其他人也好，没有一个人愿意接我的班……”

同被这个问题所苦恼的还有重庆市小动物保护协会陈明才会长

等诸多著名救助者。

在餐叙会上，我见到了被金椒妈多次盛赞的杨玲女士，她因于2003年救助一只被主人遗弃在医院门口的重病博美犬而走上救助之路。2011年，她开始参与打击狗肉黑色产业链，至今协助相关执法部门先后取缔了60余家狗肉馆。杨玲说，她最最渴望的莫过于动保法的出台实施，“愿用余生保护动物，为争取动物福利、为动物获得尊严，奋战到底。”

2008年四川汶川地震发生后，一位名叫杜玉凤的女性挺身而出，成立广元市博爱动物保护中心，救助了200余只无家可归的受灾伴侣动物。此后，她长年在川北地区的城市、县区、农村倡导文明养犬，大力宣传绝育，受到当地群众与政府好评。她亦相继获得国际人道对待动物协会（HSI）颁发的“动物保护杰出成就奖”与世界爱犬联盟（World Dog Alliance）颁发的金奖，我在后者的颁奖现场

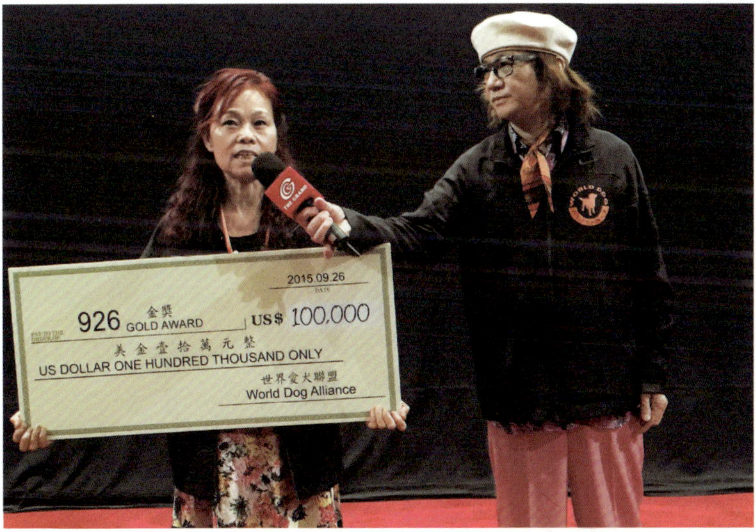

杜玉凤致获奖感言（2015，香港，右为世界爱犬联盟创始人玄陵先生）

为她拍照留念，并深以她为傲。

“谁享受过这么隆重的欢迎盛会？不论您的地位高低、富贵贫穷，它们都一样激情万丈地欢迎您的光临！看到这种场景，多么希望能给它们一顿饱饱的‘年夜饭’，让这些天真善良的毛孩子们和我们自己的孩子一样高高兴兴地过个年！感恩王师兄带来好运，今晚为毛孩子们蒸了一晚上馒头，每个馒头都咧开了嘴微笑！”2019 年除夕夜，我收到杜玉凤发来的微信，心里既温暖又难过。

从开始的数只到现在的 1000 多只，文军红女士的动物救助之路走得无比艰辛。虽然难而又难，尽管罹患癌症，但她始终遵循科学救助的原则，坚持驱虫—免疫—绝育—领养。“它们健康活着是第一步，然后最好是能给它们找个家，让它们都能安度幸福狗生！”靠着坚定的信仰和对生命的挚爱，她咬牙坚持了近 20 年，每天工作 20 多个小时，累到即使是在群犬的狂吠声中也能立即睡着。

张英女士从 1997 年开始收养流浪猫，2003 年“非典”时期开始收养流浪狗……2018 年，一位著名的纪录片导演被其经历所感动，赴其救助基地采访拍摄，不久之后观众便有望看到该片的播出。

几位资深救助者中，陈军女士的“重庆欢天喜地流浪猫狗救助领养基地”是最年轻的。除了救助，她非常重视领养。然而，等待领养和能被领养的流浪猫狗数量之间巨大的反差、优质领养资源的极度匮乏，是所有救助基地所面临的严峻现实。

不止一位流浪动物救助机构的创办人曾是世人眼中的“成功人士”，甚至是当年的百万富翁。然而，一旦走上救助生命的不归路，情形就只能用“不堪重负、难以为继……”来形容了。

何处才是它们的落脚之地？未来她们还能坚持多久？接班人今在何方？

这是所有民间救助机构面临的难题。

“我们凡人所能追求的神圣，无非是为了热爱而奋不顾身”——日本著名作家恩田陆此言也许正可以用于中国的流浪动物救助群体。

第十一章
《财富》全球500强企业的动保社会责任

我（左四）在阳光龙净集团调研后讲座前与邵晓晖副总裁（左三）、吕建波总裁（右三）等（2019）

这是一个新的时代，社会价值开始引领经济发展，人类文明进入全面交汇时期。我希望并相信，一些企业践行社会责任的创举势将激励更多企业与企业家投身于动保公益事业之中，更有创意地履行社会责任，推动社会公正与进步，改善我们的世界。

* * *

第一节 愿你尽快上天堂

2018 年夏秋之交，中国网国情中心与世界动物保护协会合作推出“动物保护大家谈”栏目，张家网红喵星人 Lucky99 和我是首期受访者。

问题之一是：“您在《财富》杂志所从事的工作与您所致力的动保事业二者间是什么关系？”经与 Lucky99 商榷，这个问题由我作答。

第一，《财富》杂志过去没有、将来多半也不会刊登任何以动物保护为主题的报道，二者间貌似没有任何直接关系。

第二，因为这份工作，我得以结识了众多《财富》世界 500 强榜上有名的中国企业负责人，抓住一切机会与之沟通动保现状，希望其能够考虑将企业社会责任所涉及的范围扩大至动物这一人类社会中的最弱势群体，将善待动物作为关怀生命的起点。2017 年我受邀担任世界动物保护协会企业合作高级顾问后，协助企业改进动物保护政策、探讨企业参与动物保护的途径和方式、推动企业保护动物就更成为我的动保工作重点之一。

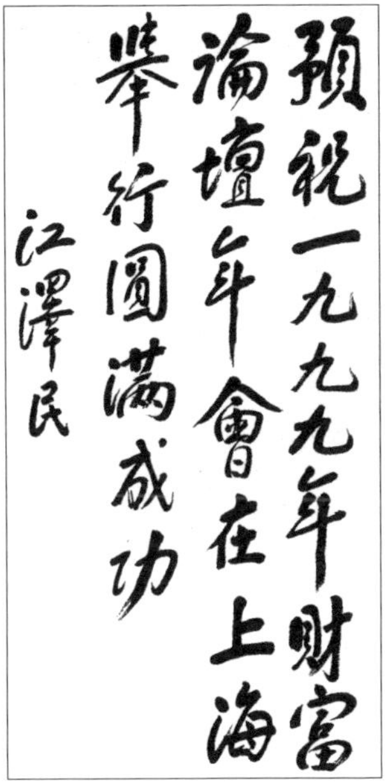

江泽民主席为在华举办的首次
《财富》全球论坛亲笔题词

第三，《财富》杂志的英文刊名为“FORTUNE”，这个单词的含义有三：命运 + 富有 + 幸运。我得以认识到，自己的天赋使命便是用写作、讲座、行动等方式帮助动物和那些帮助动物的人；动物救助与保护确需人力物力的无限投入，而我从动物身上所获得的爱与信赖的回报却远大于付出；今生幸而为人，勉力奉行人道，与众生广结善缘，我多么富有又何其幸运。

话说 1998 年起我开始为《财富》杂志工作，先任《财富》全球论坛顾问。这一年，与《财富》相关的重要事件莫过于确定 1999 年首次在华举办《财富》全球论坛并于当年开始筹备，我负责国内新闻发布工作。一开始，中国主流媒体没人理解一个“会议”有何特别，1998 年底江泽民主席手书预祝论坛成功的墨宝公开发表后，各大媒体趋之若鹜争相报道，可谓趣事一桩。

国务院新闻办公室为论坛制作的纪念品

《财富》全球论坛 Logo

2002 年 11 月的《财富》全球论坛在美国首都华盛顿举办，刘永好、陈东升、冯仑等近 20 位中国企业家赴美参会。会后，刘永好先生邀请成都民营高科技企业家何燕和我同往哈佛商学院，他在那里有场演讲。何燕女士与我可不是只坐在第一排的普通听众，我们都“领了任务”，何燕扮演一名粉丝，始终崇拜地望着他；我的角色是记者，忽而做些笔记，忽而起身拍照，煞有介事。

第二天一大早，刘总来电让我们别去餐厅用早餐，说他会带早餐来我们的房间。不一会儿，他果然带着一大包食物——准确地说是饮料——来了。打开一看，只有两类——酸奶加牛奶，包装五花八门，没有两件的包装是相同的。原来，新希望乳业刚刚萌芽，他要趁此次访美之机尽可能多地带回一些包装，供他与团队研究参考。所以，他一个劲儿地请我们多吃——不对，是多喝——他自己当然冲锋在前。当时我还不是纯素食者，还喝牛奶吃鸡蛋，可我一辈子加起来也没喝过这么多液态奶制品啊！何燕和我都差点没被撑死，以至于整个上午不停地跑卫生间。万一真被撑死了，应该算作因公牺牲吧？我们也算为初创阶段的新希望乳业做出过贡献了。如今，新希望乳业已成功上市，唯愿其旗下数量庞大的奶牛们的动物福利能好一点，再好一点。

后来有一次，刘总来京出差，有点空余时间，我提议一起去宋庄画家村转转。我联系了当代著名艺术批评家与理论家栗宪庭、廖雯伉俪，与刘总驱车直达其居所。午餐席间的对话我至今仍清楚地记得，因为事关动物。由他一手打造的新希望从饲料起家，与农场动物息息相关。当我们绕不开地谈到屠宰动物这个议题时，他说他参观过美国与欧洲的一些先进屠宰场，印象最深的是，一个屠宰场的自动屠宰机入口处写着“愿你尽快上天堂”……今天看来，这也许就是遵照国际动物福利标准所倡导的“人道屠宰”了。刘总当时说，他听了翻译后很受触动，事后也尽量把它融入到自己的企业中去。一个靠与动物有密切关联的主业而发展壮大起来的大型企业，能够饮水思源，同时借鉴国际先进经验，收获的将是企业与动物的双赢局面。

* * *

第二节 为分众传媒点赞

助力中国动物保护公益事业，分众传媒从 2016 年春节开始和我参与创办的动保网合作，免费为动保组织提供媒体资源，持续播出公益广告。

对于像分众传媒这样一个“中国广告最具品牌引爆力媒体”，我自然“觊觎已久”。分众传媒于 2003 年首创电梯媒体广告模式，今天中国的 4 亿城市人口中，“每天有 3 亿看分众”！ 2015 年秋天，我在一次活动上遇到了分众传媒董事长江南春先生，拜托他多多支持动保公益事业，江先生当即表示一定提供平台。结果就是，从2016年2月8号至2月20号两周（即猴年大年初一到正月十三），亚洲动物基金和行动亚洲ActAsia（动保组织）的两支视频广告覆盖了北京、深圳等60个城市，每天滚动播出，观众不计其数。2016年的“两会”期间（3月7日—13日），上述两家动保组织的电子海报又在北京连续播放，所覆盖的电梯数码海报屏超过1000块，曝光量超过300万次。

利用赴沪参加“国际零皮草·无伤害时尚盛典”之机，我和我的战友们登门拜访了分众传媒，表达感激之情，并就双方更好地开展护生护心的合作进行了深入交流。在此之前，分众传媒发布了2016年一季度业绩预告，同比增长35%～40%，大家不由地赞叹：这是立竿见影的“动物的报恩”啊！

自此，我便代表动保网与分众传媒展开长期合作。分众传媒每年坚持调配出紧俏的媒体资源，滚动播出世界动物保护协会等几大国际动保组织的最新公益海报，将动保理念传递至更多人群。不时有朋友或志愿者惊喜交加地告诉我，他们在每天出入的写字楼、住宅楼的电梯间以及热门商圈的购物中心等场所看到了保护动物的公益广告，真希望这样的广告多多益善，带动更多人善待生命！

期盼今后有更多优秀企业向分众传媒学习，切实履行企业社会责任，为共创一个人与动物共享的美好世界而贡献力量。也希望有更多的公众人物、演艺明星加入到动保网与分众传媒的长期合作计划中来，借助该平台来为无声的动物请命与发声，唤醒良知，传播仁爱，共铸当今社会所亟需的正能量。

在分众传媒平台上播放的动保公益广告

* * *

第三节 雪松控股与恒力集团

近年来，“企业社会责任”(corporate social responsibility，简称 CSR）日益成为一个耳熟能详的热词。对此词的解读通常是，企业在创造利润、对股东和员工承担法律责任的同时，还要承担对消费者、社区和环境的责任。企业的社会责任要求企业必须超越把利润作为唯一目标的传统理念，强调在生产过程中关注人的价值，强调对消费者、社会、环境的贡献。

总结起来，大多数中国企业的企业社会责任都集中体现在扶贫、赈灾、助学、环保等几个方面，与动保有关的项目基本限于对珍稀濒危野生动物物种的保护。

作为以实业为本的综合性产业集团，雪松控股旗下拥有大宗商品供应链、化工新材料、旅游文化和智慧城市服务等产业板块。这家新鲜出炉的上榜企业上榜不久便于多地同时推出了一个与其社区生态运营有关的动保教育项目，并将之纳入《雪松控股 2018 可持续发展报告》。秉承着“创造· 分享· 爱”的核心价值观，这一次，雪松将爱的目光投向了社区里的小动物，希望通过社区融合打造温暖有爱的社区生活环境，使善待动物、尊重生命蔚然成风，人和动物作为生命共同体和谐相处。

2018 年 9 月 8 日起的一周多时间里，雪松以“关爱小动物· 有爱大社区”为主题，在旗下诸多住宅社区开展动保公益活动，倡导社区居民与小动物友好相处。启动仪式当天，作为项目合作者，我应邀来到广州君华· 香柏广场，与社区居民分享我的动保心路历程与爱护动物小知识，并签赠《我是 Lucky99——治愈系萌猫自传》等公益图书。彩绘环节吸引了一众小朋友拿起画笔，画出自己心中的

我和孩子们在广州启动仪式现场（2018）

励志萌猫 Lucky99。众多参与者还在留言墙上留下了动保爱心宣言。

猫、狗等动物生活在人类社区周边，与人们的日常生活多有交集，有的还成为很多家庭不可或缺的重要成员。脱离环境、脱离实际地高谈保护动物是无益的，必须深入到百姓生活中去，普及人与动物应有的相处之道，倡导以领养代替购买、做负责任的宠物主人、善待流浪动物等文明新风，而社区教育正是一个恰当的切入场景。迄今为止，鲜有中国企业把关怀的范围延伸到人类之外的动物群体，雪松这一项目率先从企业层面将动保融入社区服务。企业参与动保事业极其重要。期待雪松与动保机构的通力合作与资源整合，能使社区居民和社区动物都真正受惠，并发展为一个可广泛复制的正能量传播模式。

与雪松控股同样年轻的恒力集团以炼油、石化、聚酯新材料、纺织为主业，贸易、金融、热电等多元化发展。从首次登上《财富》全球500强榜单的2017年开始，恒力集团便积极参与动保公益行动，紧密联系主业，促进企业良性发展，引领行业潮流，在环保、动保之路上一步一个脚印。

“在中国动保组织的大力支持和配合下，恒力集团组建了一支由10多名恒力员工组成的志愿者队伍，利用业余时间，定期分别在苏州总部园区以及大连长兴岛石化产业园区开展关爱流浪猫、流浪狗行动。截至目前，已为300多只流浪猫、流浪狗实施节育手术，以实际行动倡导全体员工善待身边小动物，文明养宠，不再遗弃。”恒力在新闻稿中写道。在对恒力衷心赞叹之余，我也暗喜自己的宣传游说有效，更感激资深志愿者孟慧女士与著名兽医沧海及其团队的

行动亚洲ActAsia执行长苏佩芬颁发“2015零皮草影响力特殊贡献奖”给我

无私付出。

顺应世界潮流，恒力集团研发出可取代动物皮毛的高端仿动物毛绒产品系列，广泛适用于高档服装、家纺、汽车坐垫、玩具等领域，使人们不因一衣、一被、一垫、一玩具等褫夺动物生命。近年来，已有数百个国际一线时尚品牌宣布弃用皮草：Gucci（古驰）、Armani（阿玛尼）等奢侈品牌纷纷停止使用动物真皮，Chanel（香奈儿）成为首个停用稀有动物毛皮的奢侈品牌，因为“如今，剥这些动物的皮在道德上愈发难过关了，消费者也不买账了”。

作为消费者，生杀予夺就在一刷卡一付款之间，请善用我们手中的选择权、购买权；而作为相关行业领导者的著名企业们，则理应成为积极履行企业动物保护社会责任的先行者，并将从中受益无穷。

恒力集团的高端仿动物毛绒类系列产品

* * *

第四节 助力动保公益 名企在行动

“共同努力，我们就能带来改变——大的改变，可以再造世界的改变。”

——奥黛丽·赫本（著名电影演员、联合国儿童基金会亲善大使）

在用实际行动助力动物保护公益事业方面，除雪松、恒力外，太平洋建设、正威国际、阳光龙净、魏桥创业、海尔、万科、碧桂园、恒大、吉利、华信等世界500强企业中的民营企业均已迈出了可贵的第一步，北汽、太平保险、河南能源化工集团等国企也不甘落后。分众传媒、国腾集团等并非世界500强的著名企业，也都以提供广告资源、资助当地流浪动物救助基地、举办讲座和交流会等方式给予宝贵支持。

过去几年中，我曾应邀到多家上述企业的总部与旗下学校等地举办保护动物、关怀生命的讲座交流活动。比如，在顺德为碧桂园国华纪念中学300多名高中生、在福州为阳光龙净集团下属大学阳光学院近200名师生、在深圳图书馆万科公开讲坛VTALK为万科员工及深圳市民所举办的讲座等。

阳光龙净集团由爱国侨商林腾蛟先生创办于1995年，教育是其第一个核心业务板块。2019年，借走访调研该集团之机，我与吕建波总裁、邵晓晖副总裁就如何更好地在阳光旗下数十所学校中开展生命关怀教育项目进行脑力激荡，希望该项目随着集团教育板块的迅速发展与学校总数的不断增加，惠及更多大、中、小学学生以及幼儿园幼童，使这家“有使命感的”企业在《财富》世界500

强企业中引领开创性履行企业社会责任的新潮流——善待万物，和谐天地。

世界 500 强中国企业领导人中的全国人大代表、政协委员不在少数，阳光龙净董事局主席林腾蛟代表、正威国际董事长王文银委员等均应我之请，连续在全国“两会”上提交有关动物保护的议案提案，对此，相信所有的动保人、爱心人士和我们为之代言的动物朋友都心怀感激。

因为工作关系，这些企业不时来京一见，我也频频到全国各地的 500 强企业走访调研。每逢此时，工作餐常是难免的。为照顾我这样一个纯素食者，对方或上网搜索当地的素食餐厅并预定其中一家，或通知本公司餐厅，请他们研发一桌“全素宴”，有认真的大厨还提前到素食餐厅实地考察学习。很多企业家朋友平生的第一顿素餐皆是我有幸与之共进的。其中不止一位告诉我，没想到素食如此美味与营养俱全，对健康多有裨益，他们今后也要少肉多素。若是参加大型活动，主办方会事先通知酒店为我准备一份“特殊餐食”，正如我每次搭机都必提前预定的机上素餐一样。之所以如此不怕麻烦对方费些周章，是希望借机使之了解素食者并非“异类”，一定会日益增加，同时，使对方与素食结下善缘。每周一素如种百树，用饮食积极对抗气候变化，尽量减少对地球生态的影响。

榜样的力量是无穷的。按照北师大中国公益研究院院长、国际公益学院院长王振耀先生的说法，世界已进入“善经济”（或曰“社会经济”“社会影响力经济”等）发展阶段。“善经济”是一种美德，更是一种能力。“善经济”行动就是要促进公益、商业、社会跨界融合，营造更具人文的商业、更有活力的公益、更多关爱的社区，形成环境友善、与邻为善、资本向善、价值共创的善经济集群。这是一个新的时代，社会价值开始引领经济发展，人类文明进入全面交

广东顺德碧桂园国华纪念中学讲座现场（2017）

汇时期。我希望并相信，上述企业践行社会责任的创举势将激励更多企业与企业家投身于动保公益事业之中，更有创意地履行社会责任，推动社会公正与进步，改善我们的世界。

作者后记

不为天地鬼神所鄙弃，不为一切物类所轻藐

我在厦门（摄影：萧冰，2015）

“它们的生命，我们的生命，如果我们能记住我们拥有的共同点，地球上所有的生命将更加丰富。”

李尔王在一片荒野中问盲人格罗斯特伯爵："你是如何看世界的？"

"我充满情感地去看。"盲人格罗斯特伯爵答道。

充满情感地去看，这个星球上有三种主要生命力：自然、动物与人类。这三类地球公民分享着同一个地球、同一个未来。

"如果这个世界没有虫鱼鸟兽等动物的存在，会是怎样的景况？没有清脆婉转的鸟声，看不到翩翩飞舞的蝴蝶，海里没有款摆游动的鱼儿，陆上见不到猫、狗，草原没有牛、羊、象、马……地球上只有两肢站立的人类和他们所发明的各种人造物……当然，这样的画面是不可能存在的！假如所有的动物已灭绝，人类是绝不可能单独延续生命的！……聪明绝顶又主掌当今地球生杀大权的人类，实在应有一番彻底的省思和改变！"星云大师在《动物记》一书序言中写道。

每个生命都是无价之宝，无论是以何种形式而存在的地球生命，大自然都激励我们倍加关怀与珍惜。超越人类成见的樊篱，在每个外在形态各异的生命中，看见自己。同体共生、尊重包容，是我们应有的对生命的尊重与生存的态度。为了我们人类自身的长久利益与地球上所有生命的未来，为了我们所渴望的健康繁荣可持续发展

纪录片《地球公民》(*Earthlings*) 海报

纪录片《地球生灵》(*One Life*) 海报

的世界，此乃不二之选。与众生慈悲，让心获自由。正如生态纪录大片《地球生灵》(*One Life*) 所说：“它们的生命，我们的生命，如果我们能记住我们拥有的共同点，地球上所有的生命将更加丰富。”

人类并非世界之首，地球亦非宇宙中心。大自然不需要人类，而人类却离不开大自然。我们所做的一切，不是拯救大自然，而是拯救人类自己。“阴阳和静，鬼神不扰，四时得节，万物不伤，群生不夭，人虽有知，无所用之”，唯有如此，才能被崇尚天人合一的庄子认定为至德之世。能力越大，责任越大。今生有幸为人，至少奉行人道。否则，岂不“人间失格”，到头来只能道声“生而为人，我很抱歉”了。人类啊，让我们学做一个“像人的人”(丰子恺先生)，学做一个“有道德的物种”(田松教授)，从而“不为天地鬼神所鄙弃，不为一切物类所轻藐”(《物犹如此》重排流通序，印光大师)。

噫！问世间，“爱”为何物？

己所不欲，勿施于人；人所不欲，勿施于万千生灵——万千生灵与人同！

蜎飞蠕动是我骨肉同胞，飞禽走兽是我至善亲友。亲爱的动物朋友们，你们以至纯至真、无私无邪的天性带给人类无尽的欢乐、慰藉、启迪与感动；你们以与人类同样能感知欢乐、痛苦与恐惧的血肉之躯供人类驱使，用鲜血和生命为人类的生存和发展做出了巨大的牺牲与贡献；你们备受人类恩将仇报的虐待却仍不失对人类的宽容与善意……你们是我们的良师、益友、芳邻、佳侣。

从来不需要想起，永远也不会忘记。

从今天起，敬畏生命，广结善缘，做一个零残忍、无伤害的地球公民。

己亥年中秋于北京木樨地张家猫窝

鸣　谢

联袂推荐本书的国际与地区动保组织（以汉语拼音为序）：

世界动物保护协会（WAP）

世界动物日（WAD）

世界农场动物福利协会（CIWF）

行动亚洲（ACTAsia）

英国皇家防止虐待动物协会（RSPCA）

为本书作序/撰写推荐语的以下各位（以汉语拼音为序）：

鲍尔吉·原野，蒙古族作家

孔祥东，钢琴家

Paul Littlefair（李博），英国皇家防止虐待动物协会国际事务总监

史航，编剧/策划人/资深铲屎官

易中天，学者

孙全辉博士，世界动物保护协会科学家、发言人，本书动物福利科学顾问

Lucky99、灵灵、来福、大顺儿等所有张家喵星人